This Workbook belongs to

Name:
....

Date:
....

Why use this Mutliplication Workbook?

 Memorising multiplications makes it easier for your child to work out math problems in their heads, without the need for pen and paper, which is the cornerstone of successfully mastering math.

 In fact, building a solid understanding of multiplication facts means that your child will be able to move to more complicated math problems much easier in the future.

 Even more importantly, memorising multiplications will greatly increase your child's confidence in their own ability, and having confidence in math is the best way to keep them engaged.

 Using this workbook daily, for just 5 minutes, will increase speed of recall without boredom.

 The answers section included in the workbook allows for self marking and self correction.

Contents

Multiplication Test 1

Set a timer for five minutes and see how many you can answer. Then add up your score.

	Mark		Mark		Ma
4 × 0 =		2 × 6 =		0 × 3 =	
1 × 6 =		10 × 1 =		6 × 1 =	
2 × 9 =		9 × 0 =		2 × 7 =	
9 × 2 =		10 × 2 =		5 × 2 =	
7 × 0 =		2 × 2 =		0 × 4 =	
4 × 2 =		3 × 1 =		11 × 2 =	
2 × 5 =		0 × 8 =		9 × 1 =	
6 × 1 =		2 × 11 =		0 × 11 =	
0 × 4 =		4 × 1 =		3 × 2 =	
2 × 10 =		5 × 2 =		1 × 11 =	
11 × 0 =		8 × 2 =		2 × 4 =	
2 × 1 =		2 × 6 =		0 × 7 =	
0 × 6 =		0 × 6 =		2 × 7 =	
Total:		Total:		Total:	

Your Overall Score:

Multiplication Test 2

Set a timer for five minutes and see how many you can answer. Then add up your score.

	Mark		Mark		Mark
2 × 9 =		9 × 1 =		2 × 5 =	
9 × 2 =		0 × 6 =		2 × 11 =	
2 × 4 =		11 × 2 =		4 × 2 =	
0 × 7 =		2 × 6 =		11 × 1 =	
1 × 9 =		2 × 8 =		0 × 5 =	
2 × 3 =		6 × 2 =		10 × 1 =	
2 × 7 =		2 × 4 =		3 × 2 =	
10 × 2 =		1 × 11 =		7 × 2 =	
0 × 1 =		2 × 0 =		0 × 9 =	
3 × 2 =		1 × 10 =		1 × 2 =	
2 × 1 =		1 × 8 =		2 × 5 =	
8 × 0 =		12 × 2 =		4 × 2 =	
5 × 1 =		4 × 1 =		4 × 1 =	
Total:		**Total:**		**Total:**	

Your Overall Score:

Multiplication Test 3

Set a timer for five minutes and see how many you can answer. Then add up your score.

	Mark		Mark		Ma
0 × 6 =		2 × 3 =		6 × 2 =	
4 × 1 =		8 × 1 =		1 × 8 =	
9 × 2 =		2 × 9 =		2 × 7 =	
10 × 2 =		0 × 6 =		1 × 4 =	
0 × 10 =		2 × 9 =		4 × 0 =	
11 × 1 =		10 × 1 =		2 × 5 =	
12 × 2 =		0 × 11 =		2 × 4 =	
4 × 2 =		1 × 4 =		5 × 2 =	
0 × 10 =		7 × 2 =		12 × 1 =	
1 × 7 =		9 × 0 =		3 × 1 =	
9 × 2 =		6 × 2 =		7 × 0 =	
1 × 3 =		2 × 3 =		5 × 2 =	
0 × 7 =		0 × 5 =		7 × 2 =	
Total:		**Total:**		**Total:**	

Your Overall Score:

Multiplication Test 4

Set a timer for five minutes and see how many you can answer. Then add up your score.

	Mark		Mark		Mark
2 × 11 =		9 × 2 =		4 × 2 =	
6 × 1 =		10 × 1 =		2 × 9 =	
11 × 0 =		3 × 2 =		2 × 8 =	
12 × 2 =		5 × 2 =		8 × 2 =	
1 × 1 =		2 × 3 =		2 × 5 =	
0 × 12 =		7 × 0 =		2 × 12 =	
9 × 2 =		5 × 2 =		4 × 2 =	
2 × 7 =		11 × 2 =		0 × 6 =	
2 × 2 =		2 × 3 =		1 × 4 =	
0 × 5 =		1 × 7 =		1 × 12 =	
12 × 1 =		0 × 8 =		4 × 0 =	
2 × 4 =		2 × 11 =		3 × 1 =	
10 × 2 =		3 × 2 =		1 × 2 =	
Total:		Total:		Total:	

Your Overall Score:

Multiplication Test 5

Set a timer for five minutes and see how many you can answer. Then add up your score.

	Mark		Mark		Ma
10 × 0 =		1 × 9 =		11 × 2 =	
5 × 2 =		2 × 7 =		12 × 1 =	
2 × 10 =		11 × 0 =		5 × 0 =	
1× 6 =		2 × 9 =		2 × 7 =	
3 × 2 =		6 × 2 =		6 × 1 =	
10 × 0 =		9 × 2 =		2 × 12 =	
0 × 5 =		4 × 2 =		0 × 8 =	
2 × 3 =		3 × 2 =		2 × 11 =	
2 × 2 =		1 × 6 =		2 × 4 =	
6 × 2 =		8 × 1 =		3 × 0 =	
3 × 2 =		2 × 12 =		4 × 1 =	
3 × 1 =		7 × 0 =		8 × 2 =	
2 × 5 =		4 × 0 =		1 × 7 =	
Total:		Total:		Total:	

Your Overall Score:

8

Multiplication Test 6

Set a timer for five minutes and see how many
you can answer. Then add up your score.

	Mark		Mark		Mark
7 × 2 =		12 × 2 =		2 × 12 =	
0 × 11 =		2 × 1 =		1 × 6 =	
2 × 10 =		2 × 8 =		2 × 9 =	
10 × 1 =		3 × 1 =		3 × 2 =	
12 × 2 =		8 × 2 =		7 × 1 =	
4 × 1 =		0 × 12 =		0 × 12 =	
6 × 0 =		1 × 5 =		12 × 2 =	
2 × 10 =		2 × 10 =		1 × 2 =	
2 × 5 =		2 × 5 =		2 × 11 =	
10 × 2 =		2 × 3 =		0 × 7 =	
3 × 2 =		11 × 1 =		5 × 2 =	
1 × 6 =		4 × 0 =		2 × 6 =	
9 × 2 =		0 × 8 =		1 × 4 =	
Total:		**Total:**		**Total:**	

Your Overall Score:

9

Multiplication Test 7

Set a timer for five minutes and see how many you can answer. Then add up your score.

	Mark		Mark		Mar
3 × 2 =		1 × 12 =		3 × 0 =	
10 × 1 =		11 × 2 =		2 × 5 =	
2 × 5 =		2 × 12 =		1 × 5 =	
5 × 0 =		0 × 3 =		2 × 10 =	
8 × 2 =		2 × 4 =		0 × 6 =	
11 × 1 =		2 × 3 =		2 × 11 =	
10 × 2 =		9 × 1 =		1 × 4 =	
0 × 4 =		2 × 4 =		9 × 2 =	
2 × 9 =		2 × 7 =		2 × 6 =	
2 × 10 =		4 × 2 =		12 × 1 =	
1 × 10 =		11 × 1 =		4 × 2 =	
12 × 2 =		7 × 0 =		2 × 2 =	
1 × 2 =		2 × 3 =		4 × 0 =	
Total:		**Total:**		**Total:**	

Your Overall Score:

Multiplication Test 8

Set a timer for five minutes and see how many you can answer. Then add up your score.

	Mark		Mark		Mark
2 × 11 =		2 × 7 =		0 × 4 =	
0 × 10 =		0 × 9 =		7 × 2 =	
2 × 3 =		3 × 1 =		4 × 2 =	
1 × 8 =		4 × 2 =		1 × 11 =	
11 × 2 =		10 × 1 =		2 × 6 =	
2 × 4 =		1 × 3 =		0 × 10 =	
2 × 7 =		2 × 9 =		4 × 1 =	
9 × 2 =		6 × 2 =		2 × 4 =	
8 × 0 =		2 × 8 =		10 × 2 =	
1 × 8 =		1 × 5 =		2 × 0 =	
12 × 2 =		5 × 2 =		0 × 6 =	
9 × 2 =		2 × 5 =		7 × 2 =	
8 × 0 =		10 × 2 =		1 × 9 =	
Total:		Total:		Total:	

Your Overall Score:

Multiplication Test 9

Set a timer for five minutes and see how many you can answer. Then add up your score.

	Mark		Mark		Ma
11 × 2 =		2 × 11 =		1 × 6 =	
3 × 1 =		0 × 8 =		5 × 2 =	
2 × 10 =		1 × 11 =		0 × 10 =	
2 × 12 =		7 × 2 =		9 × 1 =	
2 × 0 =		11 × 1 =		1 × 2 =	
2 × 1 =		12 × 1 =		2 × 10 =	
3 × 2 =		1 × 7 =		0 × 11 =	
1 × 9 =		8 × 0 =		2 × 9 =	
9 × 0 =		2 × 4 =		1 × 7 =	
7 × 2 =		1 × 12 =		5 × 0 =	
3 × 2 =		8 × 2 =		2 × 6 =	
2 × 8 =		4 × 2 =		7 × 1 =	
12 × 2 =		5 × 2 =		6 × 2 =	
Total:		Total:		Total:	

Your Overall Score:

Multiplication Test 10

Set a timer for five minutes and see how many you can answer. Then add up your score.

	Mark		Mark		Mark
2 × 10 = 20		3 × 9 = 27		5 × 2 = 10	
9 × 3 = 27		2 × 11 = 22		4 × 1 = 4	
3 × 11 = 33		4 × 1 = 4		11 × 3 = 33	
2 × 9 = 18		3 × 2 = 6		2 × 12 = 24	
5 × 3 = 15		9 × 2 = 16		2 × 11 = 23	
1 × 3 = 3		3 × 8 = 24		6 × 3 = 18	
2 × 6 = 12		3 × 10 = 36		2 × 3 = 6	
8 × 2 = 16		5 × 2 = 10		2 × 8 = 24	
3 × 6 = 18		2 × 4 = 8		7 × 1 = 7	
2 × 3 = 6		10 × 3 = 36		3 × 4 = 12	
3 × 2 = 6		2 × 6 = 12		1 × 3 = 3	
3 × 1 = 3		1 × 10 = 10		2 × 4 = 8	
6 × 2 = 12		2 × 2 = 4		10 × 2 = 20	
Total:		**Total:**		**Total:**	

Your Overall Score:

Multiplication Test 11

Set a timer for five minutes and see how many you can answer. Then add up your score.

	Mark		Mark		Ma
1 × 8 =		8 × 2 =		2 × 7 =	
4 × 3 =		10 × 2 =		7 × 3 =	
1 × 3 =		2 × 11 =		3 × 2 =	
2 × 5 =		3 × 12 =		2 × 10 =	
6 × 3 =		12 × 3 =		7 × 3 =	
3 × 1 =		8 × 3 =		5 × 3 =	
3 × 6 =		2 × 12 =		1 × 11 =	
9 × 2 =		3 × 5 =		6 × 2 =	
3 × 4 =		5 × 2 =		3 × 11 =	
2 × 4 =		3 × 9 =		11 × 2 =	
11 × 3 =		5 × 2 =		12 × 2 =	
3 × 2 =		3 × 12 =		12 × 2 =	
4 × 1 =		1 × 2 =		10 × 3 =	
Total:		Total:		Total:	

Your Overall Score:

14

Multiplication Test 12

Set a timer for five minutes and see how many you can answer. Then add up your score.

	Mark		Mark		Mark
3 × 5 =		3 × 2 =		3 × 3 =	
9 × 3 =		11 × 2 =		2 × 6 =	
10 × 2 =		3 × 8 =		7 × 2 =	
4 × 3 =		11 × 1 =		7 × 1 =	
1 × 5 =		2 × 4 =		3 × 4 =	
2 × 7 =		3 × 6 =		2 × 10 =	
8 × 3 =		2 × 11 =		3 × 8 =	
2 × 3 =		12 × 1 =		11 × 3 =	
5 × 3 =		3 × 1 =		6 × 2 =	
2 × 9 =		3 × 11 =		4 × 2 =	
3 × 10 =		7 × 3 =		1 × 3 =	
2 × 10 =		4 × 1 =		3 × 11 =	
10 × 2 =		2 × 7 =		3 × 2 =	
Total:		**Total:**		**Total:**	

Your Overall Score:

Multiplication Test 13

Set a timer for five minutes and see how many you can answer. Then add up your score.

	Mark		Mark		Ma
11 × 2 =		2 × 2 =		2 × 8 =	
6 × 2 =		2 × 11 =		2 × 12 =	
2 × 7 =		8 × 2 =		9 × 3 =	
6 × 3 =		7 × 2 =		2 × 6 =	
2 × 10 =		7 × 1 =		1 × 12 =	
6 × 3 =		2 × 3 =		2 × 11 =	
8 × 3 =		2 × 4 =		3 × 11 =	
3 × 2 =		1 × 2 =		3 × 3 =	
3 × 1 =		11 × 3 =		1 × 2 =	
3 × 9 =		12 × 2 =		3 × 6 =	
2 × 5 =		3 × 8 =		12 × 3 =	
12 × 2 =		3 × 10 =		1 × 9 =	
3 × 5 =		3 × 10 =		8 × 3 =	
Total:		Total:		Total:	

Your Overall Score:

Multiplication Test 14

Set a timer for five minutes and see how many you can answer. Then add up your score.

	Mark		Mark		Mark
11 × 2 =		2 × 8 =		3 × 10 =	
10 × 3 =		10 × 1 =		2 × 1 =	
2 × 11 =		4 × 1 =		3 × 12 =	
3 × 8 =		7 × 3 =		1 × 8 =	
4 × 5 =		2 × 1 =		10 × 2 =	
5 × 2 =		2 × 9 =		1 × 2 =	
2 × 6 =		3 × 6 =		5 × 1 =	
1 × 11 =		2 × 1 =		11 × 3 =	
2 × 10 =		1 × 3 =		4 × 2 =	
7 × 1 =		2 × 12 =		12 × 3 =	
8 × 2 =		3 × 5 =		12 × 2 =	
6 × 1 =		2 × 7 =		1 × 10 =	
2 × 2 =		3 × 2 =		3 × 7 =	
Total:		**Total:**		**Total:**	

Your Overall Score:

Multiplication Test 15

Set a timer for five minutes and see how many you can answer. Then add up your score.

	Mark		Mark		Ma
1 × 10 =		5 × 3 =		5 × 1 =	
2 × 1 =		9 × 3 =		3 × 2 =	
12 × 1 =		8 × 2 =		2 × 6 =	
1 × 3 =		10 × 2 =		3 × 9 =	
2 × 1 =		3 × 12 =		1 × 4 =	
2 × 7 =		2 × 3 =		11 × 3 =	
3 × 1 =		1 × 9 =		11 × 2 =	
2 × 2 =		1 × 1 =		2 × 11 =	
7 × 3 =		1 × 2 =		2 × 8 =	
12 × 3 =		4 × 1 =		4 × 3 =	
6 × 2 =		3 × 3 =		1 × 6 =	
11 × 1 =		3 × 8 =		9 × 1 =	
1 × 8 =		5 × 2 =		3 × 1 =	
Total:		**Total:**		**Total:**	

Your Overall Score:	

Multiplication Test 16

Set a timer for five minutes and see how many
you can answer. Then add up your score.

	Mark		Mark		Mark
1 × 2 =		5 × 3 =		5 × 2 =	
1 × 4 =		9 × 2 =		2 × 1 =	
6 × 3 =		10 × 2 =		9 × 1 =	
2 × 3 =		4 × 3 =		1 × 11 =	
2 × 9 =		3 × 8 =		2 × 7 =	
11 × 3 =		2 × 8 =		2 × 3 =	
1 × 2 =		12 × 3 =		6 × 1 =	
8 × 1 =		1 × 10 =		2 × 10 =	
3 × 7 =		9 × 3 =		2 × 2 =	
2 × 5 =		2 × 11 =		4 × 1 =	
11 × 2 =		5 × 1 =		3 × 2 =	
7 × 1 =		2 × 4 =		2 × 6 =	
3 × 12 =		3 × 11 =		1 × 6 =	
Total:		**Total:**		**Total:**	

Your Overall Score:

19

Multiplication Test 17

Set a timer for five minutes and see how many you can answer. Then add up your score.

	Mark		Mark		Ma
4 × 3 =		9 × 3 =		12 × 3 =	
2 × 8 =		4 × 1 =		6 × 1 =	
3 × 10 =		5 × 3 =		2 × 10 =	
10 × 2 =		10 × 1 =		12 × 1 =	
3 × 4 =		3 × 7 =	3 ×	5 =	
2 × 3 =		6 × 3 =		8 × 3 =	
2 × 7 =		7 × 1 =		2 × 11 =	
1 × 11 =		4 × 3 =		2 × 9 =	
4 × 2 =		8 × 1 =		1 × 6 =	
7 × 3 =		1 × 5 =		4 × 1 =	
2 × 4 =		5 × 2 =		1 × 3 =	
6 × 2 =		11 × 3 =		4 × 2 =	
11 × 2 =		1 × 7 =		10 × 3 =	
Total:		**Total:**		**Total:**	

Your Overall Score:

Multiplication Test 18

Set a timer for five minutes and see how many you can answer. Then add up your score.

	Mark		Mark		Mark
1 × 10 =		8 × 3 =		3 × 2 =	
9 × 2 =		10 × 1 =		2 × 10 =	
11 × 3 =		4 × 3 =		3 × 1 =	
2 × 11 =		3 × 7 =		11 × 2 =	
3 × 6 =		2 × 3 =		12 × 1 =	
5 × 3 =		1 × 6 =		2 × 7 =	
7 × 3 =		3 × 5 =		3 × 12 =	
11 × 1 =		8 × 2 =		2 × 1 =	
10 × 3 =		6 × 3 =		1 × 3 =	
2 × 2 =		1 × 8 =		2 × 6 =	
10 × 2 =		1 × 2 =		1 × 1 =	
1 × 12 =		3 × 2 =		8 × 1 =	
1 × 4 =		9 × 3 =		2 × 4 =	
Total:		**Total:**		**Total:**	

Your Overall Score:

Multiplication Test 19

Set a timer for five minutes and see how many
you can answer. Then add up your score.

	Mark		Mark		Ma
4 × 5 =		2 × 6 =		4 × 3 =	
1 × 3 =		10 × 4 =		6 × 3 =	
2 × 9 =		9 × 3 =		2 × 7 =	
9 × 2 =		10 × 2 =		5 × 3 =	
7 × 3 =		2 × 2 =		6 × 4 =	
4 × 2 =		3 × 1 =		11 × 2 =	
2 × 5 =		4 × 8 =		9 × 3 =	
6 × 2 =		4 × 11 =		3 × 11 =	
6 × 4 =		4 × 10 =		3 × 6 =	
2 × 10 =		5 × 2 =		2 × 11 =	
11 × 3 =		8 × 2 =		2 × 4 =	
2 × 1 =		2 × 6 =		3 × 7 =	
3 × 6 =		4 × 6 =		2 × 7 =	
Total:		Total:		Total:	

Your Overall Score:

Multiplication Test 20

Set a timer for five minutes and see how many you can answer. Then add up your score.

	Mark		Mark		Mark
1 × 4 =		4 × 1 =		4 × 8 =	
4 × 11 =		3 × 2 =		4 × 2 =	
3 × 7 =		2 × 1 =		3 × 12 =	
2 × 7 =		2 × 5 =		2 × 4 =	
4 × 9 =		5 × 4 =		12 × 4 =	
7 × 2 =		6 × 2 =		4 × 12 =	
10 × 4 =		3 × 4 =		2 × 4 =	
3 × 1 =		4 × 3 =		8 × 4 =	
8 × 3 =		3 × 11 =		4 × 2 =	
11 × 2 =		4 × 5 =		7 × 4 =	
4 × 10 =		2 × 8 =		4 × 6 =	
7 × 3 =		2 × 9 =		9 × 4 =	
3 × 3 =		4 × 7 =		6 × 4 =	
Total:		Total:		Total:	

Your Overall Score:

23

Multiplication Test 21

Set a timer for five minutes and see how many you can answer. Then add up your score.

	Mark		Mark		Ma
7 × 2 =		5 × 4 =		2 × 12 =	
4 × 12 =		4 × 7 =		2 × 8 =	
11 × 4 =		10 × 2 =		7 × 3 =	
11 × 3 =		8 × 4 =		1 × 4 =	
6 × 3 =		4 × 4 =		8 × 3 =	
6 × 2 =		12 × 2 =		4 × 3 =	
12 × 4 =		5 × 3 =		6 × 4 =	
3 × 10 =		4 × 11 =		10 × 3 =	
2 × 4 =		4 × 8 =		5 × 2 =	
3 × 1 =		3 × 2 =		2 × 6 =	
1 × 2 =		2 × 1 =		2 × 4 =	
3 × 3 =		4 × 2 =		3 × 7 =	
2 × 2 =		11 × 2 =		2 × 10 =	
Total:		Total:		Total:	

Your Overall Score:

Multiplication Test 22

Set a timer for five minutes and see how many you can answer. Then add up your score.

	Mark		Mark		Mark
6 × 3 =		4 × 9 =		4 × 7 =	
9 × 3 =		2 × 3 =		2 × 1 =	
10 × 2 =		2 × 5 =		4 × 1 =	
7 × 2 =		1 × 3 =		2 × 7 =	
5 × 4 =		2 × 10 =		4 × 11 =	
11 × 2 =		4 × 8 =		4 × 2 =	
10 × 4 =		4 × 5 =		2 × 11 =	
3 × 9 =		1 × 2 =		3 × 2 =	
2 × 8 =		12 × 4 =		4 × 6 =	
3 × 1 =		3 × 4 =		3 × 6 =	
2 × 4 =		9 × 2 =		3 × 10 =	
2 × 12 =		5 × 3 =		3 × 5 =	
4 × 3 =		6 × 4 =		12 × 3 =	
Total:		Total:		Total:	

Your Overall Score:

Multiplication Test 23

Set a timer for five minutes and see how many you can answer. Then add up your score.

	Mark		Mark		Ma
1 × 3 =		3 × 4 =		3 × 5 =	
2 × 4 =		4 × 3 =		2 × 2 =	
2 × 5 =		4 × 12 =		4 × 8 =	
2 × 3 =		4 × 10 =		6 × 2 =	
4 × 7 =		4 × 4 =		3 × 7 =	
5 × 2 =		2 × 9 =		8 × 4 =	
9 × 2 =		12 × 3 =		4 × 9 =	
11 × 2 =		10 × 2 =		7 × 4 =	
9 × 4 =		2 × 6 =		3 × 2 =	
3 × 4 =		11 × 3 =		4 × 5 =	
1 × 4 =		9 × 3 =		2 × 11 =	
4 × 2 =		3 × 9 =		12 × 2 =	
2 × 10 =		3 × 10 =		6 × 4 =	
Total:		**Total:**		**Total:**	

Your Overall Score:

26

Multiplication Test 24

Set a timer for five minutes and see how many you can answer. Then add up your score.

	Mark		Mark		Mark
2 × 12 =		9 × 2 =		4 × 8 =	
2 × 1 =		1 × 3 =		4 × 9 =	
4 × 10 =		10 × 2 =		2 × 6 =	
3 × 4 =		4 × 2 =		2 × 5 =	
8 × 4 =		4 × 1 =		4 × 12 =	
3 × 9 =		10 × 3 =		2 × 8 =	
2 × 9 =		3 × 4 =		4 × 3 =	
3 × 12 =		2 × 10 =		11 × 2 =	
1 × 2 =		4 × 5 =		6 × 2 =	
7 × 2 =		5 × 4 =		3 × 3 =	
5 × 3 =		3 × 7 =		12 × 4 =	
4 × 2 =		2 × 3 =		7 × 4 =	
12 × 3 =		11 × 3 =		3 × 11 =	
Total:		**Total:**		**Total:**	

Your Overall Score:

27

Multiplication Test 25

Set a timer for five minutes and see how many you can answer. Then add up your score.

	Mark		Mark		Ma
2 × 12 =		3 × 6 =		2 × 4 =	
5 × 3 =		11 × 4 =		4 × 5 =	
2 × 3 =		7 × 2 =		10 × 3 =	
10 × 2 =		2 × 5 =		4 × 11 =	
2 × 7 =		4 × 10 =		8 × 3 =	
2 × 8 =		3 × 12 =		3 × 1 =	
6 × 3 =		12 × 4 =		2 × 11 =	
4 × 7 =		4 × 4 =		4 × 2 =	
4 × 1 =		3 × 5 =		3 × 4 =	
11 × 3 =		8 × 4 =		1 × 3 =	
4 × 2 =		4 × 3 =		9 × 4 =	
5 × 4 =		12 × 2 =		5 × 2 =	
3 × 10 =		1 × 4 =		2 × 3 =	
Total:		Total:		Total:	

Your Overall Score:

Multiplication Test 26

Set a timer for five minutes and see how many you can answer. Then add up your score.

	Mark		Mark		Mark
2 × 5 =		10 × 3 =		2 × 12 =	
6 × 3 =		3 × 2 =		12 × 4 =	
4 × 2 =		6 × 4 =		5 × 3 =	
3 × 4 =		9 × 4 =		1 × 4 =	
3 × 8 =		2 × 7 =		7 × 3 =	
3 × 11 =		2 × 11 =		7 × 4 =	
4 × 2 =		8 × 2 =		3 × 9 =	
3 × 4 =		11 × 4 =		2 × 2 =	
8 × 4 =		4 × 12 =		3 × 5 =	
5 × 2 =		7 × 2 =		4 × 9 =	
3 × 12 =		12 × 3 =		2 × 6 =	
4 × 1 =		4 × 11 =		3 × 6 =	
4 × 4 =		3 × 1 =		3 × 10 =	
Total:		Total:		Total:	

Your Overall Score:

Multiplication Test 27

Set a timer for five minutes and see how many you can answer. Then add up your score.

	Mark		Mark		Ma
12 × 4 =		3 × 8 =		2 × 7 =	
8 × 3 =		7 × 2 =		7 × 3 =	
2 × 5 =		1 × 4 =		3 × 1 =	
5 × 4 =		4 × 6 =		6 × 2 =	
6 × 4 =		7 × 4 =		9 × 3 =	
12 × 3 =		3 × 11 =		2 × 10 =	
4 × 2 =		4 × 7 =		2 × 8 =	
2 × 9 =		4 × 8 =		10 × 4 =	
2 × 3 =		2 × 6 =		2 × 1 =	
1 × 2 =		11 × 4 =		4 × 12 =	
12 × 2 =		5 × 3 =		3 × 9 =	
9 × 2 =		6 × 3 =		3 × 7 =	
3 × 2 =		3 × 4 =		2 × 4	
Total:		**Total:**		**Total:**	

Your Overall Score:

Multiplication Test 28

Set a timer for five minutes and see how many you can answer. Then add up your score.

	Mark		Mark		Mark
5 × 4 =		5 × 1 =		5 × 10 =	
3 × 7 =		5 × 3 =		3 × 4 =	
3 × 5 =		11 × 3 =		11 × 4 =	
4 × 2 =		4 × 9 =		8 × 4 =	
4 × 7 =		2 × 3 =		10 × 3 =	
5 × 3 =		6 × 4 =		3 × 10 =	
2 × 5 =		5 × 12 =		4 × 10 =	
4 × 3 =		3 × 1 =		3 × 3 =	
7 × 3 =		4 × 11 =		1 × 3 =	
6 × 5 =		5 × 7 =		5 × 8 =	
4 × 5 =		1 × 5 =		3 × 11 =	
12 × 5 =		8 × 3 =		4 × 6 =	
5 × 11 =		8 × 5 =		5 × 9 =	
Total:		**Total:**		**Total:**	

Your Overall Score:

Multiplication Test 29

Set a timer for five minutes and see how many you can answer. Then add up your score.

	Mark		Mark		Ma
4 × 11 =		5 × 1 =		5 × 4 =	
5 × 6 =		12 × 3 =		2 × 4 =	
3 × 5 =		5 × 10 =		3 × 9 =	
4 × 10 =		7 × 4 =		5 × 7 =	
1 × 4 =		9 × 3 =		6 × 3 =	
3 × 11 =		10 × 3 =		4 × 12 =	
5 × 3 =		9 × 4 =		4 × 3 =	
3 × 2 =		10 × 4 =		6 × 4 =	
3 × 4 =		11 × 3 =		4 × 6 =	
5 × 11 =		7 × 3 =		3 × 6 =	
12 × 5 =		4 × 7 =		12 × 4 =	
5 × 5 =		5 × 9 =		11 × 4 =	
8 × 4 =		2 × 5 =		1 × 5 =	
Total:		Total:		Total:	

Your Overall Score:

Multiplication Test 30

Set a timer for five minutes and see how many you can answer. Then add up your score.

	Mark		Mark		Mark
3 × 2 =		4 × 8 =		4 × 10 =	
4 × 7 =		3 × 1 =		6 × 5 =	
5 × 1 =		10 × 4 =		8 × 5 =	
7 × 4 =		5 × 2 =		4 × 4 =	
4 × 3 =		11 × 4 =		3 × 9 =	
2 × 4 =		5 × 9 =		10 × 5 =	
4 × 9 =		4 × 3 =		4 × 2 =	
3 × 3 =		11 × 3 =		5 × 12 =	
5 × 5 =		12 × 5 =		5 × 3 =	
8 × 4 =		9 × 5 =		1 × 3 =	
12 × 3 =		10 × 3 =		4 × 5 =	
1 × 5 =		4 × 11 =		3 × 4 =	
3 × 6 =		5 × 7 =		8 × 3 =	
Total:		**Total:**		**Total:**	

Your Overall Score:

33

Multiplication Test 31

Set a timer for five minutes and see how many you can answer. Then add up your score.

	Mark		Mark		Ma
10 × 3 =		5 × 5 =		4 × 1 =	
2 × 4 =		4 × 9 =		3 × 4 =	
8 × 5 =		4 × 8 =		9 × 5 =	
3 × 3 =		6 × 3 =		5 × 11 =	
6 × 5 =		6 × 4 =		3 × 1 =	
12 × 3 =		5 × 3 =		3 × 6 =	
3 × 5 =		5 × 10 =		5 × 2 =	
11 × 3 =		7 × 3 =		3 × 12 =	
5 × 1 =		3 × 10 =		12 × 4 =	
5 × 7 =		5 × 9 =		8 × 4 =	
4 × 7 =		7 × 4 =		11 × 5 =	
10 × 4 =		4 × 4 =		3 × 8 =	
5 × 12 =		2 × 3 =		4 × 12 =	
Total:		Total:		Total:	

Your Overall Score:

Multiplication Test 32

Set a timer for five minutes and see how many you can answer. Then add up your score.

	Mark		Mark		Mark
4 × 11 =		5 × 5 =		5 × 4 =	
3 × 11 =		10 × 3 =		3 × 3 =	
9 × 5 =		12 × 4 =		5 × 3 =	
4 × 3 =		7 × 3 =		5 × 2 =	
4 × 5 =		7 × 5 =		8 × 4 =	
5 × 11 =		1 × 3 =		3 × 6 =	
11 × 5 =		5 × 7 =		11 × 4 =	
9 × 4 =		5 × 8 =		4 × 8 =	
3 × 12 =		5 × 4 =		9 × 3 =	
3 × 4 =		5 × 6 =		4 × 9 =	
8 × 3 =		1 × 5 =		4 × 6 =	
5 × 10 =		3 × 8 =		11 × 3 =	
6 × 5 =		7 × 4 =		1 × 4 =	
Total:		Total:		Total:	

Your Overall Score:

Multiplication Test 33

Set a timer for five minutes and see how many you can answer. Then add up your score.

	Mark		Mark		Ma
2 × 3 =		4 × 1 =		4 × 3 =	
3 × 12 =		4 × 10 =		3 × 6 =	
6 × 5 =		4 × 5 =		3 × 5 =	
8 × 5 =		5 × 6 =		4 × 7 =	
9 × 5 =		10 × 4 =		4 × 9 =	
1 × 4 =		4 × 3 =		5 × 8 =	
5 × 9 =		8 × 4 =		12 × 5 =	
11 × 4 =		10 × 3 =		3 × 4 =	
11 × 3 =		3 × 11 =		12 × 4 =	
7 × 3 =		5 × 4 =		5 × 11 =	
3 × 8 =		3 × 4 =		7 × 5 =	
8 × 3 =		11 × 5 =		3 × 9 =	
10 × 5 =		6 × 4 =		5 × 4 =	
Total:		**Total:**		**Total:**	

Your Overall Score:

36

Multiplication Test 34

Set a timer for five minutes and see how many you can answer. Then add up your score.

	Mark		Mark		Mark
1 × 5 =		3 × 7 =		3 × 4 =	
7 × 3 =		7 × 5 =		7 × 4 =	
5 × 4 =		4 × 5 =		1 × 4 =	
4 × 8 =		4 × 6 =		5 × 1 =	
3 × 2 =		5 × 5 =		4 × 4 =	
4 × 11 =		3 × 10 =		4 × 7 =	
3 × 5 =		2 × 3 =		9 × 5 =	
5 × 3 =		5 × 10 =		8 × 3 =	
3 × 11 =		5 × 7 =		3 × 4 =	
3 × 12 =		3 × 8 =		5 × 6 =	
12 × 5 =		12 × 3 =		9 × 4 =	
5 × 4 =		11 × 5 =		4 × 9 =	
6 × 4 =		3 × 9 =		5 × 9 =	
Total:		Total:		Total:	

Your Overall Score:

Multiplication Test 35

Set a timer for five minutes and see how many you can answer. Then add up your score.

	Mark		Mark		Ma
11 × 3 =		4 × 7 =		5 × 10 =	
10 × 3 =		9 × 3 =		4 × 11 =	
3 × 6 =		5 × 4 =		3 × 5 =	
3 × 10 =		12 × 4 =		9 × 4 =	
4 × 10 =		3 × 9 =		1 × 4 =	
3 × 12 =		4 × 6 =		6 × 3 =	
5 × 3 =		5 × 9 =		8 × 3 =	
5 × 8 =		1 × 5 =		10 × 4 =	
3 × 8 =		8 × 4 =		4 × 9 =	
12 × 5 =		3 × 7 =		6 × 4 =	
5 × 1 =		9 × 5 =		6 × 5 =	
5 × 7 =		3 × 4 =		5 × 5 =	
5 × 4 =		5 × 3 =		10 × 5 =	
Total:		Total:		Total:	

Your Overall Score:

Multiplication Test 36

Set a timer for five minutes and see how many you can answer. Then add up your score.

	Mark		Mark		Mark
4 × 10 =		3 × 5 =		4 × 3 =	
5 × 6 =		3 × 8 =		3 × 10 =	
10 × 5 =		4 × 5 =		7 × 5 =	
9 × 5 =		8 × 5 =		6 × 3 =	
4 × 6 =		5 × 12 =		5 × 8 =	
1 × 3 =		8 × 3 =		11 × 4 =	
10 × 3 =		3 × 11 =		1 × 4 =	
2 × 3 =		4 × 1 =		9 × 3 =	
3 × 5 =		5 × 5 =		7 × 4 =	
3 × 1 =		9 × 4 =		10 × 4 =	
4 × 11 =		5 × 10 =		4 × 8 =	
1 × 5 =		7 × 3 =		4 × 7 =	
4 × 4 =		6 × 4 =		3 × 2 =	
Total:		Total:		Total:	

Your Overall Score:

39

Multiplication Test 37

Set a timer for five minutes and see how many you can answer. Then add up your score.

	Mark		Mark		Ma
2 × 5 =		3 × 4 =		4 × 9 =	
5 × 4 =		8 × 4 =		6 × 4 =	
4 × 5 =		11 × 5 =		4 × 4 =	
5 × 9 =		10 × 5 =		6 × 2 =	
5 × 8 =		4 × 11 =		6 × 10 =	
4 × 2 =		6 × 5 =		4 × 12 =	
1 × 6 =		4 × 5 =		5 × 7 =	
3 × 5 =		10 × 4 =		10 × 6 =	
6 × 12 =		4 × 6 =		6 × 9 =	
5 × 11 =		11 × 4 =		5 × 10 =	
8 × 5 =		6 × 11 =		6 × 5 =	
2 × 4 =		3 × 6 =		9 × 4 =	
7 × 5 =		9 × 6 =		6 × 6 =	
Total:		Total:		Total:	

Your Overall Score:

40

Multiplication Test 38

Set a timer for five minutes and see how many you can answer. Then add up your score.

	Mark		Mark		Mark
5 × 9 =		9 × 5 =		4 × 11 =	
5 × 4 =		4 × 7 =		8 × 4 =	
7 × 6 =		9 × 6 =		6 × 5 =	
6 × 2 =		2 × 6 =		6 × 12 =	
6 × 4 =		5 × 11 =		8 × 5 =	
4 × 6 =		11 × 6 =		6 × 1 =	
5 × 10 =		6 × 10 =		4 × 3 =	
9 × 4 =		12 × 6 =		7 × 4 =	
1 × 6 =		12 × 4 =		6 × 8 =	
2 × 5 =		4 × 4 =		5 × 1 =	
4 × 9 =		2 × 4 =		4 × 8 =	
5 × 3 =		5 × 8 =		6 × 5 =	
5 × 6 =		10 × 6 =		4 × 12 =	
Total:		**Total:**		**Total:**	

Your Overall Score:

Multiplication Test 39

Set a timer for five minutes and see how many you can answer. Then add up your score.

	Mark		Mark		Ma
7 × 4 =		7 × 5 =		6 × 7 =	
5 × 3 =		6 × 5 =		5 × 12 =	
12 × 6 =		6 × 1 =		1 × 5 =	
4 × 9 =		1 × 4 =		4 × 3 =	
8 × 5 =		5 × 7 =		9 × 6 =	
1 × 6 =		4 × 6 =		5 × 10 =	
4 × 5 =		6 × 4 =		4 × 8 =	
5 × 6 =		12 × 5 =		12 × 4 =	
3 × 5 =		2 × 5 =		6 × 2 =	
3 × 6 =		5 × 8 =		6 × 9 =	
7 × 6 =		3 × 4 =		4 × 4 =	
4 × 2 =		4 × 5 =		5 × 11 =	
4 × 10 =		5 × 4 =		6 × 8 =	
Total:		**Total:**		**Total:**	

Your Overall Score:

42

Multiplication Test 40

Set a timer for five minutes and see how many you can answer. Then add up your score.

	Mark		Mark		Mark
9 × 5 =		5 × 9 =		10 × 4 =	
7 × 6 =		10 × 5 =		6 × 7 =	
4 × 2 =		5 × 4 =		4 × 12 =	
12 × 4 =		2 × 5 =		6 × 4 =	
5 × 2 =		6 × 11 =		6 × 8 =	
8 × 4 =		2 × 6 =		6 × 12 =	
4 × 6 =		11 × 5 =		5 × 8 =	
6 × 9 =		6 × 4 =		6 × 5 =	
3 × 6 =		4 × 3 =		5 × 1 =	
7 × 4 =		4 × 1 =		1 × 4 =	
4 × 10 =		4 × 5 =		10 × 6 =	
6 × 1 =		4 × 7 =		3 × 4 =	
3 × 5 =		8 × 6 =		8 × 5 =	
Total:		**Total:**		**Total:**	

Your Overall Score:

Multiplication Test 41

Set a timer for five minutes and see how many you can answer. Then add up your score.

	Mark		Mark		Ma
8 × 6 =		5 × 6 =		5 × 4 =	
6 × 12 =		4 × 5 =		3 × 6 =	
6 × 4 =		2 × 4 =		4 × 2 =	
8 × 4 =		5 × 6 =		3 × 4 =	
4 × 10 =		7 × 6 =		4 × 6 =	
5 × 8 =		5 × 3 =		12 × 5 =	
10 × 4 =		6 × 3 =		2 × 6 =	
9 × 5 =		9 × 4 =		10 × 5 =	
6 × 2 =		1 × 6 =		11 × 5 =	
4 × 6 =		12 × 4 =		11 × 6 =	
3 × 5 =		7 × 4 =		5 × 12 =	
2 × 5 =		11 × 4 =		1 × 4 =	
5 × 5 =		6 × 10 =		5 × 10 =	
Total:		**Total:**		**Total:**	

Your Overall Score:

Multiplication Test 42

Set a timer for five minutes and see how many you can answer. Then add up your score.

	Mark		Mark		Mark
3 × 4 =		5 × 5 =		10 × 6 =	
7 × 5 =		4 × 6 =		6 × 12 =	
6 × 5 =		5 × 6 =		5 × 4 =	
10 × 4 =		6 × 11 =		9 × 4 =	
5 × 3 =		4 × 5 =		4 × 6 =	
5 × 8 =		6 × 1 =		4 × 4 =	
8 × 4 =		7 × 4 =		6 × 2 =	
12 × 6 =		7 × 6 =		6 × 10 =	
4 × 12 =		6 × 8 =		5 × 6 =	
6 × 7 =		8 × 6 =		6 × 6 =	
2 × 5 =		9 × 5 =		2 × 6 =	
5 × 12 =		4 × 1 =		3 × 6 =	
11 × 4 =		1 × 5 =		9 × 6 =	
Total:		**Total:**		**Total:**	

Your Overall Score:

45

Multiplication Test 43

Set a timer for five minutes and see how many you can answer. Then add up your score.

	Mark		Mark		Ma
6 × 5 =		5 × 6 =		5 × 9 =	
5 × 4 =		4 × 2 =		3 × 5 =	
10 × 5 =		4 × 9 =		5 × 1 =	
11 × 6 =		6 × 9 =		8 × 5 =	
12 × 6 =		3 × 4 =		5 × 8 =	
5 × 12 =		6 × 11 =		6 × 10 =	
3 × 6 =		2 × 4 =		12 × 4 =	
4 × 1 =		7 × 4 =		2 × 5 =	
8 × 6 =		4 × 6 =		8 × 4 =	
10 × 4 =		5 × 10 =		5 × 11 =	
6 × 4 =		9 × 4 =		7 × 5 =	
11 × 4 =		2 × 6 =		4 × 7 =	
5 × 6 =		4 × 5 =		6 × 5 =	
Total:		Total:		Total:	

Your Overall Score:

Multiplication Test 44

Set a timer for five minutes and see how many you can answer. Then add up your score.

	Mark		Mark		Mark
11 × 4 =		5 × 3 =		5 × 7 =	
4 × 6 =		2 × 6 =		5 × 10 =	
4 × 12 =		6 × 5 =		9 × 6 =	
6 × 3 =		6 × 1 =		4 × 4 =	
12 × 5 =		11 × 6 =		10 × 5 =	
6 × 6 =		6 × 4 =		12 × 6 =	
4 × 2 =		1 × 4 =		6 × 11 =	
5 × 11 =		4 × 5 =		6 × 9 =	
1 × 5 =		5 × 1 =		4 × 8 =	
5 × 9 =		5 × 12 =		8 × 6 =	
6 × 5 =		4 × 7 =		6 × 4 =	
5 × 8 =		5 × 6 =		4 × 5 =	
10 × 6 =		9 × 4 =		12 × 4 =	
Total:		Total:		Total:	

Your Overall Score:

Multiplication Test 45

Set a timer for five minutes and see how many you can answer. Then add up your score.

	Mark		Mark		Ma
9 × 6 =		3 × 5 =		5 × 7 =	
7 × 5 =		2 × 4 =		5 × 2 =	
1 × 4 =		4 × 12 =		1 × 6 =	
9 × 5 =		4 × 3 =		5 × 6 =	
6 × 6 =		6 × 11 =		2 × 5 =	
5 × 11 =		6 × 10 =		1 × 5 =	
5 × 6 =		8 × 6 =		5 × 9 =	
11 × 6 =		4 × 9 =		6 × 12 =	
6 × 4 =		3 × 6 =		5 × 10 =	
4 × 8 =		5 × 5 =		10 × 4 =	
4 × 5 =		5 × 12 =		5 × 1 =	
4 × 4 =		12 × 6 =		8 × 4 =	
7 × 6 =		5 × 4 =		6 × 5 =	
Total:		**Total:**		**Total:**	

Your Overall Score:

Multiplication Test 46

Set a timer for five minutes and see how many you can answer. Then add up your score.

	Mark		Mark		Mark
8 × 7 =		5 × 7 =		11 × 6 =	
5 × 12 =		7 × 11 =		7 × 2 =	
6 × 5 =		10 × 6 =		8 × 5 =	
3 × 6 =		5 × 4 =		5 × 3 =	
5 × 7 =		1 × 5 =		6 × 7 =	
1 × 7 =		7 × 9 =		6 × 8 =	
5 × 10 =		10 × 5 =		7 × 5 =	
12 × 5 =		6 × 2 =		5 × 6 =	
6 × 11 =		2 × 5 =		9 × 5 =	
6 × 3 =		9 × 6 =		7 × 1 =	
6 × 5 =		6 × 4 =		12 × 7 =	
5 × 1 =		5 × 5 =		7 × 6 =	
10 × 7 =		7 × 8 =		6 × 9 =	
Total:		Total:		Total:	

Your Overall Score:

49

Multiplication Test 47

Set a timer for five minutes and see how many you can answer. Then add up your score.

	Mark		Mark		Ma
5 × 11 =		7 × 2 =		5 × 6 =	
5 × 8 =		3 × 6 =		7 × 6 =	
5 × 7 =		5 × 3 =		9 × 5 =	
6 × 11 =		6 × 8 =		6 × 9 =	
6 × 10 =		1 × 6 =		6 × 4 =	
6 × 6 =		5 × 1 =		5 × 6 =	
7 × 9 =		5 × 9 =		7 × 7 =	
6 × 5 =		9 × 7 =		9 × 6 =	
2 × 6 =		4 × 6 =		5 × 10 =	
10 × 5 =		6 × 12 =		5 × 12 =	
6 × 5 =		7 × 1 =		11 × 6 =	
7 × 12 =		7 × 10 =		8 × 7 =	
1 × 5 =		5 × 4 =		8 × 5 =	
Total:		Total:		Total:	

Your Overall Score:

Multiplication Test 48

Set a timer for five minutes and see how many you can answer. Then add up your score.

	Mark		Mark		Mark
5 × 10 =		12 × 7 =		7 × 9 =	
7 × 10 =		7 × 8 =		10 × 7 =	
6 × 6 =		12 × 5 =		8 × 5 =	
3 × 7 =		6 × 5 =		11 × 7 =	
6 × 12 =		2 × 5 =		5 × 8 =	
10 × 6 =		5 × 6 =		10 × 5 =	
1 × 6 =		5 × 9 =		6 × 5 =	
6 × 1 =		7 × 1 =		5 × 5 =	
4 × 5 =		5 × 1 =		9 × 5 =	
7 × 6 =		6 × 10 =		5 × 7 =	
7 × 4 =		8 × 7 =		11 × 6 =	
2 × 7 =		5 × 6 =		5 × 2 =	
7 × 11 =		9 × 7 =		5 × 3 =	
Total:		Total:		Total:	

Your Overall Score:

51

Multiplication Test 49

Set a timer for five minutes and see how many you can answer. Then add up your score.

	Mark		Mark		Ma
7 × 4 =		11 × 5 =		6 × 12 =	
5 × 10 =		9 × 5 =		6 × 6 =	
6 × 11 =		9 × 6 =		7 × 2 =	
7 × 6 =		5 × 5 =		6 × 8 =	
7 × 7 =		2 × 7 =		1 × 7 =	
6 × 5 =		11 × 7 =		5 × 11 =	
12 × 6 =		5 × 1 =		3 × 6 =	
7 × 12 =		7 × 5 =		12 × 7 =	
6 × 2 =		5 × 6 =		10 × 6 =	
4 × 6 =		6 × 4 =		7 × 9 =	
2 × 6 =		7 × 10 =		7 × 6 =	
7 × 1 =		3 × 7 =		5 × 8 =	
8 × 6 =		10 × 5 =		6 × 3 =	
Total:		Total:		Total:	

Your Overall Score:

52

Multiplication Test 50

Set a timer for five minutes and see how many you can answer. Then add up your score.

	Mark		Mark		Mark
6 × 4 =		5 × 6 =		7 × 6 =	
1 × 5 =		5 × 7 =		3 × 5 =	
6 × 12 =		3 × 6 =		6 × 11 =	
7 × 11 =		6 × 6 =		6 × 7 =	
5 × 7 =		8 × 7 =		6 × 2 =	
7 × 6 =		5 × 9 =		6 × 1 =	
1 × 6 =		6 × 3 =		10 × 7 =	
2 × 5 =		5 × 2 =		11 × 7 =	
9 × 5 =		8 × 6 =		8 × 5 =	
5 × 12 =		11 × 6 =		7 × 9 =	
7 × 10 =		3 × 7 =		6 × 9 =	
5 × 8 =		12 × 6 =		6 × 5 =	
4 × 6 =		7 × 1 =		2 × 7 =	
Total:		**Total:**		**Total:**	

Your Overall Score:

53

Multiplication Test 51

Set a timer for five minutes and see how many you can answer. Then add up your score.

	Mark		Mark		Ma
5 × 4 =		5 × 8 =		10 × 6 =	
6 × 5 =		5 × 7 =		7 × 7 =	
7 × 10 =		12 × 6 =		5 × 5 =	
5 × 1 =		3 × 6 =		7 × 3 =	
12 × 7 =		6 × 7 =		6 × 9 =	
6 × 3 =		6 × 1 =		5 × 11 =	
6 × 8 =		7 × 9 =		5 × 12 =	
4 × 5 =		11 × 7 =		5 × 3 =	
6 × 11 =		5 × 2 =		8 × 6 =	
7 × 5 =		5 × 7 =		10 × 5 =	
6 × 6 =		8 × 7 =		6 × 7 =	
3 × 7 =		7 × 1 =		7 × 4 =	
3 × 5 =		9 × 6 =		5 × 6 =	
Total:		**Total:**		**Total:**	

Your Overall Score:

Multiplication Test 52

Set a timer for five minutes and see how many you can answer. Then add up your score.

	Mark		Mark		Mark
1 × 5 =		6 × 2 =		7 × 6 =	
8 × 6 =		5 × 6 =		2 × 5 =	
10 × 7 =		12 × 6 =		3 × 7 =	
7 × 1 =		4 × 6 =		8 × 7 =	
7 × 11 =		1 × 7 =		11 × 7 =	
11 × 6 =		7 × 8 =		5 × 2 =	
6 × 9 =		8 × 5 =		7 × 5 =	
6 × 8 =		5 × 8 =		7 × 9 =	
5 × 3 =		7 × 6 =		6 × 3 =	
9 × 6 =		6 × 6 =		9 × 5 =	
7 × 4 =		5 × 4 =		5 × 9 =	
5 × 10 =		6 × 7 =		1 × 6 =	
5 × 7 =		6 × 1 =		2 × 6 =	
Total:		**Total:**		**Total:**	

Your Overall Score:

Multiplication Test 53

Set a timer for five minutes and see how many you can answer. Then add up your score.

	Mark		Mark		Ma
7 × 9 =		11 × 6 =		7 × 12 =	
6 × 2 =		8 × 5 =		2 × 5 =	
5 × 7 =		6 × 1 =		6 × 7 =	
5 × 6 =		9 × 5 =		7 × 5 =	
6 × 10 =		5 × 3 =		7 × 10 =	
10 × 7 =		4 × 5 =		5 × 10 =	
9 × 6 =		6 × 8 =		11 × 5 =	
7 × 8 =		3 × 5 =		6 × 7 =	
1 × 6 =		5 × 2 =		5 × 8 =	
5 × 11 =		5 × 7 =		8 × 6 =	
6 × 12 =		12 × 5 =		12 × 6 =	
6 × 5 =		5 × 4 =		7 × 5 =	
9 × 7 =		11 × 7 =		5 × 5 =	
Total:		Total:		Total:	

Your Overall Score:

Multiplication Test 54

Set a timer for five minutes and see how many you can answer. Then add up your score.

	Mark		Mark		Mark
2 × 6 =		7 × 8 =		11 × 6 =	
7 × 3 =		6 × 5 =		5 × 5 =	
7 × 4 =		6 × 8 =		7 × 11 =	
3 × 6 =		6 × 11 =		7 × 6 =	
7 × 2 =		6 × 12 =		6 × 7 =	
5 × 6 =		12 × 5 =		4 × 5 =	
9 × 5 =		5 × 3 =		9 × 7 =	
7 × 1 =		8 × 7 =		6 × 10 =	
1 × 7 =		6 × 6 =		2 × 5 =	
12 × 7 =		5 × 11 =		7 × 10 =	
7 × 5 =		5 × 6 =		9 × 6 =	
5 × 12 =		6 × 7 =		8 × 6 =	
5 × 1 =		4 × 7 =		5 × 7 =	
Total:		**Total:**		**Total:**	

Your Overall Score:

Multiplication Test 55

Set a timer for five minutes and see how many you can answer. Then add up your score.

	Mark		Mark		Ma
12 × 7 = 84		6 × 3 = 18		8 × 6 = 48	
1 × 8 = 8		7 × 9 = 63		9 × 6 = 54	
4 × 7 = 28		8 × 9 = 72		6 × 7 = 42	
7 × 12 = 84		8 × 1 = 8		6 × 6 =	
9 × 8 = 72		6 × 9 = 54		10 × 8 = 86	
6 × 4 = 24		6 × 1 = 6		4 × 6 = 24	
1 × 6 = 6		12 × 8 = 98		7 × 11 = 77	
7 × 6 = 42		6 × 5 = 30		8 × 12 = 98	
7 × 7 = 49		5 × 7 = 35		4 × 8 = 32	
8 × 5 = 40		7 × 6 = 42		2 × 7 = 14	
8 × 10 = 80		1 × 7 = 7		11 × 8 = 88	
8 × 6 = 48		6 × 2 = 12		2 × 8 = 16	
9 × 7 = 63		3 × 6 = 18		7 × 5 = 35	
Total:		Total:		Total:	

Your Overall Score:

58

Multiplication Test 56

Set a timer for five minutes and see how many you can answer. Then add up your score.

	Mark		Mark		Mark
12 × 8 = 96		2 × 6 = 12		7 × 6 = 42	
9 × 6 = 54		7 × 11 = 73		3 × 8 = 24	
7 × 7 = 49		6 × 9 = 54		10 × 7 = 76	
7 × 6 = 42		6 × 6 = 36		6 × 10 = 60	
8 × 8 = 64		8 × 1 = 8		1 × 6 = 6	
11 × 6 = 66		9 × 7 = 63		8 × 12 = 96	
2 × 7 = 14		2 × 8 = 18		6 × 2 = 12	
8 × 3 = 24		11 × 7 = 77		8 × 7 = 56	
8 × 6 = 48		6 × 7 = 42		4 × 6 = 84	
1 × 8 = 8		10 × 8 = 80		7 × 8 = 56	
5 × 8 = 40		6 × 12 = 72		7 × 12 = 84	
8 × 6 = 48		7 × 3 = 21		6 × 5 = 30	
7 × 1 = 7		7 × 9 = 63		11 × 8 = 88	
Total:		**Total:**		**Total:**	

Your Overall Score:

59

Multiplication Test 57

Set a timer for five minutes and see how many
you can answer. Then add up your score.

	Mark		Mark		Ma
7 × 6 = 42		7 × 5 = 35		4 × 8 = 32	
8 × 11 = 88		12 × 7 = 84		8 × 12 = 96	
10 × 6 = 60		6 × 2 = 12		9 × 8 = 72	
10 × 7 = 70		7 × 1 = 7		4 × 6 = 24	
6 × 7 = 42		8 × 6 = 48		8 × 2 = 16	
6 × 1 = 6		1 × 6 = 6		11 × 7 = 77	
8 × 9 = 72		8 × 5 = 40		8 × 7 = 56	
2 × 8 = 18		6 × 10 = 60		7 × 6 = 42	
6 × 3 = 18		7 × 7 = 49		6 × 12 = 72	
1 × 8 = 8		7 × 4 = 28		2 × 6 = 12	
8 × 1 = 8		6 × 4 = 24		7 × 3 = 21	
6 × 7 = 42		9 × 7 = 63		7 × 8 = 56	
8 × 3 = 24		6 × 6 = 36		8 × 4 = 32	
Total:		Total:		Total:	

Your Overall Score:

Multiplication Test 58

Set a timer for five minutes and see how many you can answer. Then add up your score.

	Mark		Mark		Mark
11 × 7 = 77		8 × 6 = 48		7 × 4 = 28	
4 × 7 = 26		4 × 6 = 24		9 × 7 = 63	
6 × 7 = 42		7 × 6 = 48		12 × 8 = 96	
8 × 7 = 56		8 × 2 = 16		10 × 8 = 80	
6 × 8 = 48		8 × 3 = 24		5 × 8 = 40	
9 × 8 = 72		8 × 7 = 56		1 × 8 = 8	
6 × 12 = 72		8 × 8 = 64		11 × 8 = 88	
2 × 6 = 12		5 × 7 = 35		7 × 10 = 76	
7 × 11 = 77		3 × 7 = 21		7 × 7 = 49	
7 × 8 = 56		7 × 5 = 35		2 × 7 = 14	
8 × 6 = 48		3 × 8 = 27		8 × 1 = 8	
8 × 5 = 46		7 × 2 = 14		10 × 6 = 60	
4 × 8 = 32		6 × 10 = 60		6 × 8 = 48	
Total:		Total:		Total:	

Your Overall Score:

Multiplication Test 59

Set a timer for five minutes and see how many you can answer. Then add up your score.

	Mark		Mark		Ma
6 × 7 = 42		3 × 6 = 18		8 × 10 = 80	
2 × 6 = 12		8 × 4 = 32		6 × 9 = 54	
11 × 8 = 88		7 × 1 = 7		3 × 7 = 21	
6 × 2 = 12		6 × 3 = 18		8 × 1 = 8	
9 × 7 = 63		4 × 8 = 32		6 × 1 = 6	
8 × 9 = 72		12 × 7 = 48		7 × 11 = 77	
5 × 7 = 35		8 × 7 = 56		6 × 7 = 42	
2 × 7 = 14		9 × 8 = 72		8 × 2 = 16	
7 × 12 = 84		1 × 6 = 6		1 × 8 = 8	
7 × 9 = 63		5 × 8 = 40		6 × 5 = 36	
7 × 8 = 56		7 × 6 = 42		8 × 7 = 56	
7 × 7 = 49		6 × 12 = 72		6 × 8 = 48	
8 × 6 = 48		2 × 8 = 16		12 × 8 = 96	
Total:		**Total:**		**Total:**	

Your Overall Score:	

Multiplication Test 60

Set a timer for five minutes and see how many you can answer. Then add up your score.

	Mark		Mark		Mark
6 × 10 = 60		8 × 6 = 48		6 × 7 = 42	
8 × 9 = 72		9 × 7 = 63		8 × 7 = 56	
7 × 8 = 56		8 × 5 = 40		7 × 7 = 49	
10 × 6 = 60		6 × 12 = 72		4 × 8 = 32	
7 × 10 = 70		3 × 6 = 18		7 × 6 = 42	
7 × 8 = 56		8 × 12 = 96		5 × 6 = 30	
6 × 8 = 48		8 × 4 = 32		4 × 7 = 28	
5 × 7 = 35		8 × 3 = 24		11 × 8 = 88	
12 × 6 = 72		1 × 7 = 7		8 × 1 = 8	
7 × 2 = 14		10 × 8 = 86		12 × 8 = 96	
8 × 10 = 86		8 × 7 = 56		4 × 6 = 24	
6 × 2 = 12		6 × 11 = 66		6 × 3 = 18	
1 × 8 = 8		7 × 11 = 77		8 × 8 64	
Total:		**Total:**		**Total:**	

Your Overall Score:

Multiplication Test 61

Set a timer for five minutes and see how many you can answer. Then add up your score.

	Mark		Mark		Ma
8 × 11 = 88		6 × 2 = 12		7 × 1 = 7	
8 × 7 = 56		6 × 8 = 48		7 × 5 = 35	
7 × 6 = 42		2 × 7 = 14		1 × 7 = 7	
10 × 6 = 60		8 × 2 = 16		4 × 7 = 28	
12 × 8 = 96		7 × 9 = 63		6 × 7 = 42	
8 × 6 = 48		11 × 7 = 77		8 × 8 = 64	
5 × 6 = 30		7 × 8 = 56		6 × 8 = 48	
8 × 5 = 40		6 × 3 = 18		7 × 10 = 70	
8 × 7 = 56		6 × 1 = 6		10 × 8 = 80	
9 × 7 = 63		6 × 11 = 66		8 × 9 = 72	
12 × 7 = 84		7 × 3 = 21		7 × 2 = 14	
2 × 6 = 12		5 × 7 = 35		8 × 6 = 48	
6 × 10 = 60		1 × 6 = 6		6 × 7 = 42	
Total:		**Total:**		**Total:**	

Your Overall Score:

Multiplication Test 62

Set a timer for five minutes and see how many you can answer. Then add up your score.

	Mark		Mark		Mark
7 × 5 = 35		9 × 8 = 72		10 × 8 = 80	
8 × 2 = 16		8 × 7 = 56		7 × 6 = 42	
11 × 6 = 66		7 × 10 = 70		3 × 8 = 24	
10 × 6 = 60		8 × 10 = 80		5 × 8 = 40	
4 × 7 = 28		7 × 7 = 49		8 × 8 = 64	
9 × 7 = 63		7 × 1 = 7		8 × 11 = 88	
6 × 5 = 30		2 × 8 = 16		5 × 6 = 30	
7 × 12 = 84		6 × 9 = 54		11 × 8 = 88	
8 × 7 = 56		7 × 8 = 56		6 × 6 = 32	
8 × 12 = 96		2 × 6 = 12		7 × 4 = 28	
8 × 3 = 24		7 × 9 = 63		3 × 6 = 18	
4 × 8 = 32		5 × 7 = 35		9 × 6 = 54	
6 × 8 = 48		6 × 7 = 42		4 × 6 = 24	
Total:		Total:		Total:	

Your Overall Score:

Multiplication Test 63

Set a timer for five minutes and see how many you can answer. Then add up your score.

	Mark		Mark		Ma
5 × 6 =		6 × 7 =		7 × 9 =	
7 × 6 =		7 × 8 =		11 × 6 =	
9 × 8 =		10 × 8 =		6 × 8 =	
6 × 12 =		3 × 7 =		6 × 6 =	
4 × 8 =		11 × 7 =		8 × 1 =	
5 × 8 =		2 × 7 =		6 × 5 =	
8 × 11 =		1 × 6 =		11 × 8 =	
4 × 7 =		6 × 2 =		12 × 8 =	
8 × 8 =		7 × 5 =		7 × 3 =	
6 × 11 =		1 × 8 =		9 × 7 =	
8 × 7 =		8 × 9 =		8 × 3 =	
6 × 9 =		7 × 1 =		12 × 7 =	
7 × 11 =		1 × 7 =		7 × 7 =	
Total:		**Total:**		**Total:**	

Your Overall Score:

66

Multiplication Test 64

Set a timer for five minutes and see how many you can answer. Then add up your score.

	Mark		Mark		Mark
7 × 8 =		3 × 8 =		9 × 7 =	
7 × 11 =		9 × 12 =		7 × 9 =	
7 × 10 =		2 × 7 =		7 × 4 =	
7 × 5 =		8 × 5 =		8 × 2 =	
1 × 7 =		8 × 11 =		3 × 7 =	
11 × 8 =		12 × 8 =		4 × 9 =	
9 × 4 =		9 × 1 =		12 × 9 =	
2 × 8 =		7 × 3 =		1 × 9 =	
7 × 6 =		7 × 2 =		10 × 8 =	
10 × 9 =		9 × 2 =		9 × 6 =	
8 × 4 =		9 × 7 =		2 × 9 =	
5 × 9 =		7 × 7 =		7 × 1 =	
9 × 10 =		7 × 8 =		5 × 7 =	
Total:		**Total:**		**Total:**	

Your Overall Score:

Multiplication Test 65

Set a timer for five minutes and see how many you can answer. Then add up your score.

	Mark		Mark		Ma
12 × 7 =		11 × 8 =		7 × 10 =	
2 × 9 =		7 × 2 =		4 × 8 =	
8 × 8 =		7 × 6 =		7 × 9 =	
9 × 3 =		8 × 12 =		8 × 3 =	
8 × 7 =		3 × 7 =		9 × 6 =	
5 × 8 =		7 × 9 =		8 × 1 =	
8 × 10 =		7 × 5 =		1 × 7 =	
9 × 2 =		7 × 4 =		9 × 7 =	
6 × 7 =		3 × 9 =		5 × 9 =	
8 × 9 =		5 × 7 =		7 × 8 =	
8 × 5 =		9 × 11 =		9 × 4 =	
7 × 7 =		9 × 10 =		9 × 12 =	
7 × 11 =		8 × 4 =		3 × 8 =	
Total:		**Total:**		**Total:**	

Your Overall Score:

68

Multiplication Test 66

Set a timer for five minutes and see how many you can answer. Then add up your score.

	Mark		Mark		Mark
3 × 9 =		8 × 2 =		12 × 7 =	
7 × 8 =		1 × 9 =		8 × 7 =	
8 × 10 =		9 × 3 =		8 × 1 =	
9 × 8 =		7 × 9 =		10 × 9 =	
8 × 4 =		4 × 8 =		7 × 6 =	
9 × 1 =		9 × 9 =		5 × 9 =	
7 × 11 =		9 × 2 =		4 × 9 =	
8 × 8 =		7 × 10 =		9 × 12 =	
9 × 7 =		8 × 12 =		7 × 8 =	
7 × 4 =		11 × 7 =		10 × 7 =	
8 × 11 =		7 × 5 =		11 × 9 =	
12 × 8 =		8 × 5 =		9 × 10 =	
5 × 7 =		8 × 3 =		6 × 9 =	
Total:		**Total:**		**Total:**	

Your Overall Score:

Multiplication Test 67

Set a timer for five minutes and see how many you can answer. Then add up your score.

	Mark		Mark		Ma
7 × 3 =		7 × 9 =		7 × 5 =	
3 × 8 =		1 × 9 =		5 × 7 =	
8 × 1 =		9 × 12 =		7 × 10 =	
2 × 9 =		8 × 3 =		8 × 12 =	
7 × 2 =		9 × 8 =		4 × 8 =	
9 × 9 =		7 × 8 =		12 × 8 =	
11 × 7 =		7 × 1 =		11 × 8 =	
7 × 11 =		6 × 9 =		8 × 2 =	
8 × 9 =		9 × 5 =		7 × 8 =	
12 × 9 =		8 × 6 =		10 × 9 =	
6 × 8 =		11 × 9 =		8 × 7 =	
8 × 9 =		9 × 7 =		10 × 8 =	
9 × 2 =		4 × 7 =		7 × 6 =	
Total:		Total:		Total:	

Your Overall Score:

Multiplication Test 68

Set a timer for five minutes and see how many you can answer. Then add up your score.

	Mark		Mark		Mark
9 × 8 =		8 × 3 =		9 × 2 =	
1 × 7 =		8 × 8 =		9 × 3 =	
6 × 9 =		5 × 8 =		4 × 7 =	
3 × 7 =		7 × 12 =		7 × 5 =	
7 × 9 =		2 × 9 =		7 × 4 =	
7 × 8 =		6 × 8 =		10 × 7 =	
9 × 5 =		4 × 9 =		8 × 11 =	
9 × 8 =		10 × 8 =		12 × 7 =	
12 × 9 =		4 × 8 =		9 × 7 =	
7 × 10 =		8 × 9 =		7 × 6 =	
5 × 7 =		9 × 9 =		8 × 6 =	
8 × 4 =		5 × 9 =		8 × 12 =	
1 × 8 =		9 × 10 =		8 × 1 =	
Total:		**Total:**		**Total:**	

Your Overall Score:

71

Multiplication Test 69

Set a timer for five minutes and see how many you can answer. Then add up your score.

	Mark		Mark		Ma
8 × 1 =		3 × 8 =		7 × 8 =	
4 × 7 =		3 × 7 =		9 × 8 =	
8 × 6 =		12 × 9 =		5 × 7 =	
5 × 9 =		7 × 11 =		7 × 4 =	
8 × 10 =		7 × 6 =		3 × 9 =	
4 × 8 =		7 × 12 =		7 × 7 =	
8 × 7 =		9 × 4 =		7 × 2 =	
6 × 9 =		7 × 9 =		9 × 11 =	
1 × 8 =		8 × 7 =		11 × 8 =	
1 × 9 =		9 × 2 =		2 × 9 =	
9 × 7 =		7 × 8 =		8 × 2 =	
9 × 3 =		7 × 10 =		7 × 1 =	
8 × 12 =		2 × 7 =		6 × 8 =	
Total:		**Total:**		**Total:**	

Your Overall Score:

Multiplication Test 70

Set a timer for five minutes and see how many you can answer. Then add up your score.

	Mark		Mark		Mark
9 × 11 =		10 × 8 =		4 × 8 =	
2 × 9 =		8 × 1 =		8 × 6 =	
8 × 3 =		11 × 7 =		5 × 7 =	
9 × 7 =		8 × 8 =		8 × 5 =	
1 × 8 =		9 × 10 =		1 × 7 =	
11 × 8 =		6 × 9 =		12 × 8 =	
12 × 9 =		9 × 4 =		8 × 10 =	
7 × 3 =		7 × 11 =		7 × 1 =	
7 × 9 =		11 × 9 =		7 × 12 =	
6 × 8 =		6 × 7 =		9 × 2 =	
5 × 8 =		9 × 9 =		7 × 5 =	
9 × 8 =		2 × 7 =		9 × 12 =	
9 × 6 =		8 × 11 =		7 × 8 =	
Total:		Total:		Total:	

Your Overall Score:

73

Multiplication Test 71

Set a timer for five minutes and see how many you can answer. Then add up your score.

	Mark		Mark		Ma
9 × 5 =		8 × 10 =		10 × 9 =	
9 × 12 =		9 × 1 =		8 × 7 =	
6 × 8 =		2 × 9 =		7 × 9 =	
7 × 10 =		8 × 1 =		4 × 9 =	
8 × 12 =		3 × 8 =		7 × 6 =	
8 × 2 =		7 × 2 =		2 × 7 =	
10 × 7 =		5 × 7 =		8 × 3 =	
9 × 10 =		7 × 11 =		9 × 11 =	
3 × 7 =		8 × 9 =		11 × 9 =	
6 × 7 =		7 × 5 =		7 × 12 =	
4 × 8 =		2 × 8 =		8 × 7 =	
8 × 5 =		7 × 3 =		5 × 8 =	
9 × 3 =		7 × 1 =		12 × 9 =	
Total:		**Total:**		**Total:**	

Your Overall Score:

74

Multiplication Test 72

Set a timer for five minutes and see how many you can answer. Then add up your score.

	Mark		Mark		Mark
9 × 5 =		8 × 10 =		10 × 9 =	
9 × 12 =		9 × 1 =		8 × 7 =	
6 × 8 =		2 × 9 =		7 × 9 =	
7 × 10 =		8 × 1 =		4 × 9 =	
8 × 12 =		3 × 8 =		7 × 6 =	
8 × 2 =		7 × 2 =		2 × 7 =	
10 × 7 =		5 × 7 =		8 × 3 =	
9 × 10 =		7 × 11 =		9 × 11 =	
3 × 7 =		8 × 9 =		11 × 9 =	
6 × 7 =		7 × 5 =		7 × 12 =	
4 × 8 =		2 × 8 =		8 × 7 =	
8 × 5 =		7 × 3 =		5 × 8 =	
9 × 3 =		7 × 1 =		12 × 9 =	
Total:		Total:		Total:	

Your Overall Score:

75

Multiplication Test 73

Set a timer for five minutes and see how many you can answer. Then add up your score.

	Mark		Mark		Ma
9 × 5 =		8 × 11 =		10 × 1 =	
6 × 8 =		8 × 9 =		9 × 1 =	
3 × 10 =		8 × 10 =		8 × 12 =	
9 × 8 =		8 × 7 =		10 × 8 =	
8 × 1 =		9 × 7 =		10 × 9 =	
10 × 3 =		4 × 9 =		12 × 10 =	
10 × 4 =		4 × 8 =		1 × 10 =	
9 × 8 =		9 × 10 =		3 × 9 =	
8 × 5 =		2 × 9 =		7 × 8 =	
3 × 8 =		8 × 10 =		5 × 8 =	
1 × 9 =		11 × 8 =		10 × 2 =	
10 × 10 =		10 × 8 =		12 × 8 =	
9 × 4 =		2 × 8 =		8 × 4 =	
Total:		**Total:**		**Total:**	

Your Overall Score:

Multiplication Test 74

Set a timer for five minutes and see how many you can answer. Then add up your score.

	Mark		Mark		Mark
4 × 8 =		12 × 10 =		10 × 2 =	
10 × 12 =		9 × 3 =		12 × 8 =	
7 × 10 =		8 × 10 =		10 × 10 =	
2 × 10 =		8 × 7 =		10 × 4 =	
11 × 10 =		8 × 5 =		9 × 7 =	
10 × 6 =		5 × 10 =		12 × 9 =	
1 × 10 =		8 × 4 =		10 × 5 =	
8 × 11 =		10 × 8 =		9 × 12 =	
9 × 6 =		8 × 3 =		6 × 10 =	
9 × 8 =		4 × 9 =		8 × 1 =	
9 × 10 =		9 × 4 =		10 × 3 =	
10 × 11 =		8 × 9 =		8 × 8 =	
5 × 9 =		8 × 6 =		10 × 7 =	
Total:		Total:		Total:	

Your Overall Score:

Multiplication Test 75

Set a timer for five minutes and see how many you can answer. Then add up your score.

	Mark		Mark		Ma
1 × 8 =		10 × 8 =		12 × 9 =	
8 × 4 =		4 × 9 =		6 × 9 =	
10 × 10 =		8 × 10 =		8 × 7 =	
10 × 2 =		10 × 9 =		8 × 3 =	
12 × 8 =		5 × 8 =		5 × 10 =	
9 × 8 =		9 × 5 =		2 × 8 =	
3 × 10 =		9 × 10 =		10 × 5 =	
11 × 10 =		10 × 7 =		9 × 7 =	
4 × 8 =		9 × 3 =		8 × 9 =	
6 × 8 =		7 × 10 =		9 × 9 =	
1 × 10 =		9 × 1 =		9 × 10 =	
9 × 6 =		5 × 9 =		8 × 2 =	
10 × 9 =		11 × 8 =		2 × 9 =	
Total:		Total:		Total:	

Your Overall Score:

Multiplication Test 76

Set a timer for five minutes and see how many you can answer. Then add up your score.

	Mark		Mark		Mark
10 × 11 =		1 × 8 =		9 × 8 =	
3 × 9 =		8 × 11 =		2 × 10 =	
9 × 11 =		9 × 9 =		8 × 1 =	
9 × 3 =		10 × 12 =		9 × 10 =	
10 × 6 =		10 × 1 =		8 × 7 =	
10 × 2 =		6 × 9 =		8 × 9 =	
8 × 6 =		8 × 4 =		2 × 8 =	
7 × 9 =		10 × 5 =		10 × 10 =	
10 × 8 =		8 × 12 =		12 × 8 =	
5 × 10 =		7 × 8 =		9 × 1 =	
3 × 8 =		8 × 3 =		5 × 9 =	
3 × 10 =		10 × 4 =		1 × 9 =	
10 × 9 =		8 × 5 =		12 × 10 =	
Total:		Total:		Total:	

Your Overall Score:

Multiplication Test 77

Set a timer for five minutes and see how many you can answer. Then add up your score.

	Mark		Mark		Ma
8 × 3 =		8 × 5 =		9 × 7 =	
8 × 9 =		10 × 10 =		2 × 9 =	
8 × 4 =		8 × 10 =		1 × 10 =	
10 × 6 =		10 × 8 =		7 × 9 =	
8 × 2 =		5 × 10 =		9 × 3 =	
9 × 11 =		10 × 12 =		10 × 2 =	
9 × 2 =		10 × 9 =		12 × 8 =	
6 × 10 =		8 × 6 =		8 × 7 =	
5 × 8 =		6 × 9 =		10 × 3 =	
9 × 5 =		11 × 10 =		3 × 10 =	
1 × 8 =		9 × 1 =		5 × 9 =	
9 × 8 =		9 × 10 =		9 × 6 =	
4 × 10 =		3 × 8 =		10 × 4 =	
Total:		Total:		Total:	

Your Overall Score:

Multiplication Test 78

Set a timer for five minutes and see how many you can answer. Then add up your score.

	Mark		Mark		Mark
2 × 8 =		3 × 8 =		4 × 9 =	
9 × 9 =		1 × 9 =		10 × 10 =	
8 × 8 =		10 × 9 =		8 × 9 =	
8 × 6 =		10 × 1 =		10 × 8 =	
5 × 8 =		10 × 3 =		10 × 12 =	
1 × 8 =		12 × 9 =		8 × 2 =	
5 × 9 =		9 × 4 =		11 × 8 =	
8 × 3 =		10 × 4 =		10 × 2 =	
8 × 12 =		9 × 1 =		10 × 5 =	
7 × 9 =		8 × 9 =		9 × 5 =	
7 × 8 =		11 × 9 =		3 × 10 =	
9 × 6 =		6 × 8 =		11 × 10 =	
8 × 7 =		9 × 10 =		9 × 3 =	
Total:		Total:		Total:	

Your Overall Score:

82

Multiplication Test 79

Set a timer for five minutes and see how many you can answer. Then add up your score.

	Mark		Mark		Ma
3 × 10 =		8 × 4 =		8 × 5 =	
8 × 11 =		9 × 12 =		5 × 9 =	
6 × 8 =		8 × 8 =		3 × 9 =	
8 × 3 =		12 × 9 =		8 × 12 =	
4 × 8 =		10 × 1 =		10 × 11 =	
10 × 8 =		10 × 9 =		5 × 10 =	
9 × 1 =		1 × 8 =		7 × 9 =	
8 × 9 =		11 × 10 =		10 × 2 =	
11 × 8 =		9 × 5 =		8 × 10 =	
6 × 10 =		9 × 10 =		4 × 9 =	
9 × 6 =		9 × 9 =		2 × 9 =	
9 × 8 =		12 × 8 =		9 × 7 =	
9 × 4 =		4 × 12 =		4 × 11 =	
Total:		**Total:**		**Total:**	

Your Overall Score:

83

Multiplication Test 80

Set a timer for five minutes and see how many you can answer. Then add up your score.

	Mark		Mark		Mark
9 × 7 =		9 × 1 =		10 × 1 =	
5 × 9 =		11 × 10 =		6 × 9 =	
8 × 10 =		11 × 8 =		2 × 8 =	
9 × 11 =		3 × 9 =		10 × 8 =	
10 × 12 =		10 × 11 =		8 × 7 =	
9 × 6 =		8 × 8 =		2 × 9 =	
12 × 9 =		6 × 8 =		11 × 9 =	
10 × 2 =		7 × 8 =		8 × 12 =	
9 × 5 =		9 × 3 =		9 × 4 =	
10 × 7 =		8 × 9 =		3 × 8 =	
4 × 8 =		9 × 9 =		7 × 10 =	
10 × 10 =		7 × 9 =		3 × 10 =	
2 × 10 =		12 × 8 =		5 × 8 =	
Total:		Total:		Total:	

Your Overall Score:

Multiplication Test 81

Set a timer for five minutes and see how many you can answer. Then add up your score.

	Mark		Mark		Ma
11 × 9 =		8 × 7 =		10 × 4 =	
12 × 8 =		6 × 9 =		1 × 9 =	
8 × 11 =		12 × 9 =		11 × 8 =	
10 × 8 =		8 × 2 =		6 × 10 =	
7 × 10 =		9 × 10 =		4 × 9 =	
12 × 10 =		6 × 8 =		9 × 1 =	
2 × 8 =		8 × 8 =		4 × 8 =	
8 × 4 =		9 × 9 =		8 × 3 =	
2 × 9 =		10 × 1 =		3 × 9 =	
10 × 5 =		10 × 9 =		8 × 10 =	
9 × 12 =		5 × 8 =		11 × 10 =	
2 × 10 =		7 × 8 =		9 × 4 =	
8 × 10 =		5 × 9 =		1 × 8 =	
Total:		Total:		Total:	

Your Overall Score:

Multiplication Test 82

Set a timer for five minutes and see how many you can answer. Then add up your score.

	Mark		Mark		Mark
10 × 9 =		11 × 11 =		2 × 10 =	
9 × 12 =		9 × 9 =		7 × 10 =	
10 × 3 =		11 × 12 =		10 × 4 =	
12 × 11 =		11 × 8 =		10 × 8 =	
9 × 1 =		11 × 4 =		9 × 10 =	
7 × 9 =		4 × 11 =		1 × 11 =	
6 × 10 =		5 × 9 =		11 × 7 =	
12 × 10 =		9 × 5 =		7 × 11 =	
11 × 6 =		10 × 6 =		11 × 5 =	
10 × 7 =		3 × 10 =		9 × 11 =	
12 × 9 =		10 × 2 =		10 × 10 =	
4 × 10 =		9 × 10 =		2 × 11 =	
9 × 7 =		8 × 10 =		11 × 9 =	
Total:		**Total:**		**Total:**	

Your Overall Score:

Multiplication Test 83

Set a timer for five minutes and see how many
you can answer. Then add up your score.

	Mark		Mark		Ma
6 × 11 =		10 × 10 =		3 × 11 =	
9 × 4 =		10 × 11 =		4 × 11 =	
11 × 3 =		9 × 6 =		8 × 10 =	
12 × 11 =		7 × 10 =		10 × 6 =	
9 × 10 =		2 × 11 =		11 × 10 =	
10 × 7 =		5 × 10 =		11 × 7 =	
11 × 2 =		8 × 9 =		3 × 10 =	
11 × 10 =		11 × 6 =		4 × 9 =	
11 × 5 =		10 × 9 =		9 × 12 =	
9 × 11 =		6 × 10 =		1 × 10 =	
12 × 9 =		4 × 10 =		9 × 3 =	
11 × 9 =		9 × 9 =		11 × 8 =	
11 × 12 =		9 × 8 =		10 × 2 =	
Total:		**Total:**		**Total:**	

Your Overall Score:

87

Multiplication Test 84

Set a timer for five minutes and see how many you can answer. Then add up your score.

	Mark		Mark		Mark
8 × 9 =		11 × 10 =		1 × 11 =	
11 × 4 =		10 × 9 =		8 × 10 =	
10 × 1 =		1 × 10 =		11 × 6 =	
9 × 7 =		3 × 9 =		9 × 10 =	
2 × 9 =		6 × 10 =		11 × 3 =	
3 × 10 =		2 × 11 =		5 × 9 =	
4 × 9 =		7 × 9 =		11 × 9 =	
12 × 9 =		10 × 10 =		9 × 9 =	
11 × 12 =		10 × 12 =		11 × 2 =	
9 × 12 =		8 × 11 =		11 × 8 =	
11 × 11 =		10 × 6 =		10 × 4 =	
11 × 1 =		10 × 2 =		6 × 9 =	
10 × 11 =		10 × 9 =		5 × 11 =	
Total:		Total:		Total:	

Your Overall Score:

Multiplication Test 85

Set a timer for five minutes and see how many you can answer. Then add up your score.

	Mark		Mark		Ma
11 × 10 =		9 × 11 =		10 × 11 =	
2 × 10 =		10 × 6 =		6 × 10 =	
10 × 2 =		10 × 12 =		4 × 9 =	
12 × 9 =		7 × 9 =		12 × 11 =	
11 × 4 =		11 × 1 =		8 × 10 =	
9 × 9 =		8 × 11 =		2 × 11 =	
9 × 4 =		8 × 9 =		11 × 3 =	
7 × 10 =		9 × 3 =		6 × 9 =	
11 × 12 =		9 × 7 =		4 × 10 =	
9 × 5 =		9 × 10 =		11 × 8 =	
6 × 11 =		11 × 6 =		10 × 9 =	
5 × 9 =		1 × 11 =		3 × 11 =	
5 × 11 =		10 × 8 =		11 × 7 =	
Total:		**Total:**		**Total:**	

Your Overall Score:

Multiplication Test 86

Set a timer for five minutes and see how many you can answer. Then add up your score.

	Mark		Mark		Mark
2 × 10 =		3 × 11 =		9 × 11 =	
10 × 10 =		10 × 11 =		8 × 11 =	
9 × 10 =		11 × 12 =		7 × 11 =	
10 × 9 =		9 × 1 =		9 × 7 =	
10 × 4 =		11 × 9 =		8 × 9 =	
11 × 7 =		4 × 9 =		9 × 11 =	
12 × 11 =		10 × 6 =		7 × 10 =	
2 × 9 =		1 × 9 =		9 × 8 =	
6 × 10 =		9 × 3 =		11 × 9 =	
8 × 10 =		9 × 2 =		10 × 2 =	
10 × 5 =		11 × 2 =		2 × 11 =	
5 × 11 =		1 × 11 =		12 × 10 =	
11 × 11 =		5 × 9 =		4 × 11 =	
Total:		Total:		Total:	

Your Overall Score:

Multiplication Test 87

Set a timer for five minutes and see how many you can answer. Then add up your score.

	Mark		Mark		Ma
6 × 9 =		11 × 3 =		12 × 10 =	
3 × 9 =		10 × 3 =		3 × 10 =	
11 × 9 =		8 × 9 =		11 × 10 =	
10 × 9 =		5 × 10 =		8 × 10 =	
6 × 10 =		12 × 11 =		12 × 9 =	
1 × 9 =		11 × 12 =		11 × 8 =	
6 × 11 =		11 × 11 =		9 × 8 =	
10 × 6 =		8 × 11 =		5 × 9 =	
11 × 4 =		10 × 1 =		4 × 10 =	
3 × 11 =		11 × 6 =		9 × 11 =	
10 × 9 =		11 × 5 =		9 × 5 =	
10 × 12 =		9 × 12 =		7 × 9 =	
10 × 4 =		1 × 11 =		7 × 11 =	
Total:		Total:		Total:	

Your Overall Score:

Multiplication Test 88

Set a timer for five minutes and see how many you can answer. Then add up your score.

	Mark		Mark		Mark
4 × 10 =		11 × 6 =		10 × 9 =	
12 × 11 =		8 × 9 =		11 × 4 =	
6 × 10 =		5 × 11 =		3 × 10 =	
10 × 10 =		11 × 11 =		1 × 10 =	
9 × 8 =		6 × 11 =		9 × 11 =	
5 × 9 =		7 × 10 =		10 × 9 =	
9 × 6 =		9 × 3 =		3 × 11 =	
2 × 10 =		10 × 11 =		8 × 11 =	
11 × 1 =		11 × 5 =		12 × 10 =	
11 × 2 =		10 × 7 =		9 × 10 =	
4 × 11 =		9 × 4 =		8 × 10 =	
11 × 9 =		10 × 3 =		7 × 11 =	
9 × 9 =		1 × 9 =		10 × 6 =	
Total:		**Total:**		**Total:**	

Your Overall Score:

Multiplication Test 89

Set a timer for five minutes and see how many you can answer. Then add up your score.

	Mark		Mark		Ma
9 × 9 =		12 × 10 =		11 × 4 =	
10 × 2 =		10 × 3 =		11 × 11 =	
3 × 11 =		10 × 12 =		11 × 9 =	
1 × 10 =		9 × 4 =		11 × 3 =	
9 × 8 =		8 × 11 =		4 × 9 =	
9 × 2 =		9 × 12 =		2 × 10 =	
10 × 8 =		5 × 9 =		9 × 6 =	
5 × 11 =		11 × 6 =		4 × 11 =	
5 × 10 =		11 × 9 =		11 × 5 =	
12 × 9 =		11 × 12 =		11 × 1 =	
10 × 6 =		8 × 9 =		2 × 11 =	
11 × 10 =		10 × 1 =		9 × 11 =	
10 × 10 =		11 × 8 =		8 × 10 =	
Total:		Total:		Total:	

Your Overall Score:

Multiplication Test 90

Set a timer for five minutes and see how many you can answer. Then add up your score.

	Mark		Mark		Mark
9 × 12 =		2 × 11 =		10 × 4 =	
9 × 6 =		10 × 9 =		11 × 11 =	
1 × 9 =		11 × 1 =		4 × 9 =	
9 × 2 =		11 × 9 =		7 × 10 =	
8 × 9 =		10 × 7 =		10 × 11 =	
2 × 9 =		10 × 2 =		7 × 11 =	
11 × 8 =		9 × 11 =		8 × 11 =	
11 × 10 =		5 × 10 =		6 × 9 =	
9 × 10 =		12 × 9 =		9 × 4 =	
4 × 10 =		1 × 11 =		11 × 5 =	
2 × 10 =		11 × 7 =		3 × 9 =	
9 × 3 =		11 × 4 =		12 × 10 =	
9 × 1 =		11 × 10 =		11 × 3 =	
Total:		Total:		Total:	

Your Overall Score:

Multiplication Test 91

Set a timer for five minutes and see how many
you can answer. Then add up your score.

	Mark		Mark		Ma
12 × 12 =		12 × 5 =		10 × 11 =	
10 × 3 =		5 × 10 =		4 × 11 =	
11 × 11 =		6 × 10 =		7 × 12 =	
12 × 1 =		11 × 3 =		11 × 10 =	
10 × 11 =		10 × 12 =		11 × 8 =	
10 × 5 =		3 × 10 =		1 × 10 =	
10 × 10 =		2 × 11 =		8 × 12 =	
12 × 11 =		12 × 7 =		11 × 2 =	
9 × 11 =		2 × 10 =		1 × 12 =	
3 × 12 =		10 × 6 =		4 × 10 =	
11 × 1 =		8 × 10 =		10 × 4 =	
9 × 12 =		7 × 10 =		10 × 8 =	
11 × 7 =		10 × 1 =		9 × 10 =	
Total:		**Total:**		**Total:**	

Your Overall Score:

Multiplication Test 92

Set a timer for five minutes and see how many
you can answer. Then add up your score.

	Mark		Mark		Mark
12 × 7 =		6 × 10 =		12 × 5 =	
10 × 6 =		12 × 11 =		12 × 1 =	
4 × 11 =		10 × 2 =		4 × 12 =	
11 × 9 =		11 × 4 =		12 × 8 =	
7 × 12 =		10 × 12 =		12 × 6 =	
6 × 11 =		5 × 11 =		11 × 8 =	
10 × 1 =		3 × 10 =		1 × 10 =	
10 × 4 =		11 × 3 =		2 × 10 =	
9 × 12 =		12 × 12 =		10 × 12 =	
10 × 11 =		9 × 11 =		2 × 11 =	
4 × 10 =		5 × 10 =		11 × 12 =	
8 × 12 =		12 × 3 =		8 × 11 =	
10 × 3 =		12 × 10 =		12 × 11 =	
Total:		**Total:**		**Total:**	

Your Overall Score:

Multiplication Test 93

Set a timer for five minutes and see how many you can answer. Then add up your score.

	Mark		Mark		Ma
2 × 12 =		10 × 11 =		2 × 11 =	
10 × 9 =		12 × 4 =		10 × 10 =	
11 × 7 =		4 × 11 =		11 × 9 =	
11 × 3 =		4 × 10 =		10 × 11 =	
3 × 11 =		6 × 11 =		5 × 12 =	
11 × 1 =		5 × 10 =		12 × 11 =	
8 × 12 =		12 × 9 =		6 × 10 =	
12 × 5 =		10 × 2 =		11 × 10 =	
10 × 8 =		11 × 11 =		12 × 1 =	
10 × 1 =		12 × 11 =		11 × 4 =	
1 × 11 =		10 × 7 =		12 × 10 =	
11 × 12 =		7 × 11 =		10 × 5 =	
12 × 3 =		5 × 11 =		2 × 10 =	
Total:		**Total:**		**Total:**	

Your Overall Score:

Multiplication Test 94

Set a timer for five minutes and see how many you can answer. Then add up your score.

	Mark		Mark		Mark
10 × 2 =		11 × 12 =		12 × 11 =	
11 × 11 =		10 × 11 =		10 × 7 =	
12 × 3 =		12 × 9 =		12 × 4 =	
9 × 12 =		11 × 12 =		11 × 7 =	
10 × 5 =		5 × 10 =		4 × 12 =	
10 × 1 =		11 × 1 =		5 × 11 =	
11 × 6 =		7 × 11 =		12 × 8 =	
11 × 2 =		1 × 11 =		2 × 10 =	
10 × 12 =		11 × 5 =		11 × 9 =	
11 × 3 =		9 × 10 =		12 × 1 =	
10 × 8 =		1 × 10 =		9 × 11 =	
10 × 9 =		12 × 7 =		10 × 11 =	
1 × 12 =		12 × 12 =		10 × 4 =	
Total:		Total:		Total:	

Your Overall Score:

Multiplication Test 95

Set a timer for five minutes and see how many you can answer. Then add up your score.

	Mark		Mark		Ma
5 × 10 =		12 × 8 =		2 × 10 =	
11 × 11 =		1 × 10 =		10 × 12 =	
11 × 12 =		4 × 10 =		10 × 7 =	
10 × 3 =		12 × 11 =		12 × 1 =	
10 × 8 =		10 × 12 =		10 × 1 =	
10 × 9 =		9 × 12 =		3 × 12 =	
11 × 3 =		8 × 12 =		7 × 10 =	
10 × 2 =		7 × 12 =		12 × 2 =	
8 × 10 =		11 × 1 =		10 × 10 =	
10 × 5 =		11 × 7 =		12 × 11 =	
11 × 5 =		12 × 5 =		1 × 12 =	
2 × 12 =		7 × 11 =		11 × 10 =	
11 × 6 =		2 × 11 =		12 × 10 =	
Total:		**Total:**		**Total:**	

Your Overall Score:

Multiplication Test 96

Set a timer for five minutes and see how many you can answer. Then add up your score.

	Mark		Mark		Mark
11 × 2 =		2 × 11 =		4 × 12 =	
10 × 6 =		10 × 12 =		12 × 4 =	
10 × 1 =		6 × 10 =		12 × 2 =	
7 × 12 =		12 × 3 =		5 × 12 =	
7 × 11 =		10 × 8 =		3 × 11 =	
12 × 10 =		6 × 12 =		3 × 10 =	
5 × 10 =		9 × 11 =		11 × 7 =	
10 × 12 =		2 × 10 =		12 × 1 =	
11 × 4 =		10 × 2 =		9 × 10 =	
12 × 12 =		1 × 10 =		11 × 6 =	
8 × 12 =		10 × 7 =		11 × 8 =	
4 × 11 =		12 × 7 =		12 × 11 =	
6 × 11 =		11 × 12 =		10 × 5 =	
Total:		**Total:**		**Total:**	

Your Overall Score:

100

Multiplication Test 97

Set a timer for five minutes and see how many
you can answer. Then add up your score.

	Mark		Mark		Ma
5 × 11 =		12 × 10 =		11 × 5 =	
8 × 11 =		12 × 4 =		5 × 10 =	
11 × 2 =		2 × 10 =		10 × 8 =	
10 × 11 =		12 × 12 =		11 × 4 =	
6 × 10 =		8 × 10 =		12 × 11 =	
12 × 9 =		10 × 7 =		11 × 12 =	
5 × 12 =		11 × 7 =		10 × 11 =	
10 × 1 =		6 × 11 =		4 × 12 =	
7 × 12 =		1 × 11 =		12 × 7 =	
11 × 6 =		12 × 5 =		10 × 6 =	
10 × 3 =		9 × 10 =		4 × 10 =	
10 × 9 =		9 × 11 =		7 × 10 =	
11 × 11 =		4 × 11 =		12 × 2 =	
Total:		**Total:**		**Total:**	

Your Overall Score:

101

Multiplication Test 98

Set a timer for five minutes and see how many you can answer. Then add up your score.

	Mark		Mark		Mark
4 × 11 =		1 × 11 =		12 × 12 =	
7 × 12 =		11 × 5 =		11 × 3 =	
5 × 10 =		2 × 11 =		7 × 10 =	
5 × 11 =		11 × 6 =		12 × 3 =	
3 × 10 =		12 × 8 =		6 × 12 =	
10 × 7 =		1 × 10 =		10 × 2 =	
11 × 7 =		10 × 10 =		11 × 10 =	
6 × 11 =		10 × 11 =		12 × 11 =	
12 × 5 =		10 × 6 =		10 × 1 =	
12 × 10 =		10 × 12 =		12 × 9 =	
2 × 10 =		12 × 6 =		11 × 8 =	
4 × 10 =		10 × 3 =		12 × 11 =	
9 × 11 =		5 × 12 =		7 × 11 =	
Total:		**Total:**		**Total:**	

Your Overall Score:

102

Multiplication Test 99

Set a timer for five minutes and see how many you can answer. Then add up your score.

	Mark		Mark		Ma
9 × 12 =		12 × 9 =		9 × 10 =	
7 × 10 =		12 × 10 =		1 × 12 =	
11 × 4 =		11 × 2 =		11 × 1 =	
5 × 11 =		5 × 12 =		12 × 12 =	
2 × 12 =		12 × 4 =		10 × 5 =	
7 × 11 =		12 × 7 =		11 × 9 =	
10 × 6 =		11 × 10 =		11 × 7 =	
11 × 3 =		2 × 11 =		4 × 12 =	
1 × 11 =		11 × 12 =		11 × 11 =	
10 × 11 =		12 × 10 =		10 × 9 =	
3 × 12 =		11 × 6 =		12 × 5 =	
7 × 12 =		11 × 12 =		11 × 10 =	
8 × 11 =		10 × 2 =		10 × 7 =	
Total:		Total:		Total:	

Your Overall Score:

Multiplication Test 100

Set a timer for five minutes and see how many you can answer. Then add up your score.

	Mark		Mark		Mark
10 × 8 =		9 × 11 =		12 × 4 =	
11 × 5 =		7 × 11 =		12 × 9 =	
12 × 10 =		10 × 9 =		10 × 1 =	
8 × 11 =		5 × 12 =		12 × 7 =	
12 × 11 =		12 × 10 =		1 × 10 =	
11 × 10 =		12 × 5 =		11 × 11 =	
11 × 3 =		10 × 12 =		10 × 11 =	
9 × 10 =		11 × 6 =		12 × 6 =	
7 × 10 =		11 × 12 =		8 × 12 =	
3 × 10 =		2 × 12 =		10 × 3 =	
1 × 12 =		10 × 6 =		11 × 1 =	
12 × 3 =		11 × 4 =		6 × 11 =	
5 × 11 =		11 × 7 =		12 × 8 =	
Total:		**Total:**		**Total:**	

Your Overall Score:

Test Answers 1 - 6

Find your answers in the tables below.

Sheet 1 Answers ✓

4 × 0 = 0	2 × 6 = 12	0 × 3 = 0
1 × 6 = 6	10 × 1 = 10	6 × 1 = 6
2 × 9 = 18	9 × 0 = 0	2 × 7 = 14
9 × 2 = 18	10 × 2 = 20	5 × 2 = 10
7 × 0 = 0	2 × 2 = 4	0 × 4 = 0
4 × 2 = 8	3 × 1 = 3	11 × 2 = 22
2 × 5 = 10	0 × 8 = 0	9 × 1 = 9
6 × 1 = 6	2 × 11 = 22	0 × 11 = 0
0 × 4 = 0	4 × 1 = 4	3 × 2 = 6
2 × 10 = 20	5 × 2 = 10	1 × 11 = 11
11 × 0 = 0	8 × 2 = 16	2 × 4 = 8
2 × 1 = 2	2 × 6 = 12	0 × 7 = 7
0 × 6 = 0	0 × 6 = 0	2 × 7 = 14

Sheet 2 Answers

2 × 9 = 18	9 × 1 = 9	2 × 5 =
9 × 2 = 18	0 × 6 = 0	2 × 11 =
2 × 4 = 8	11 × 2 = 22	4 × 2 =
0 × 7 = 0	2 × 6 = 12	11 × 1 =
1 × 9 = 9	2 × 8 = 16	0 × 5 =
2 × 3 = 6	6 × 2 = 12	10 × 1 =
2 × 7 = 14	2 × 4 = 8	3 × 2 =
10 × 2 = 20	1 × 11 = 11	7 × 2 =
0 × 1 = 0	2 × 0 = 0	0 × 9 =
3 × 2 = 6	1 × 10 = 10	1 × 2 =
2 × 1 = 2	1 × 8 = 8	2 × 5 =
8 × 0 = 0	12 × 2 = 24	4 × 2 = 8
5 × 1 = 5	4 × 1 = 4	4 × 1 = 4

Sheet 3 Answers ✓

0 × 6 = 0	2 × 3 = 6	6 × 2 = 12
4 × 1 = 4	8 × 1 = 8	1 × 8 = 8
9 × 2 = 18	2 × 9 = 18	2 × 7 = 14
10 × 2 = 20	0 × 6 = 0	1 × 4 = 4
0 × 10 = 0	2 × 9 = 18	4 × 0 = 0
11 × 1 = 11	10 × 1 = 10	2 × 5 = 10
12 × 2 = 24	0 × 11 = 0	2 × 4 = 8
4 × 2 = 8	1 × 4 = 4	5 × 2 = 10
0 × 10 = 0	7 × 2 = 14	12 × 1 = 12
1 × 7 = 7	9 × 0 = 0	3 × 1 = 3
9 × 2 = 18	6 × 2 = 12	7 × 0 = 0
1 × 3 = 3	2 × 3 = 6	5 × 2 = 10
0 × 7 = 0	0 × 5 = 0	7 × 2 = 14

Sheet 4 Answers

2 × 11 = 22	9 × 2 = 18	4 × 2 = 8
6 × 1 = 6	10 × 1 = 10	2 × 9 = 18
11 × 0 = 0	3 × 2 = 6	2 × 8 = 16
12 × 2 = 24	5 × 2 = 10	8 × 2 = 16
1 × 1 = 1	2 × 3 = 6	2 × 5 = 10
0 × 12 = 0	7 × 0 = 0	2 × 12 = 24
9 × 2 = 18	5 × 2 = 10	4 × 2 = 8
2 × 7 = 14	11 × 2 = 22	0 × 6 = 0
2 × 2 = 4	2 × 3 = 6	1 × 4 = 4
0 × 5 = 0	1 × 7 = 7	1 × 12 = 12
12 × 1 = 12	0 × 8 = 0	4 × 0 = 0
2 × 4 = 8	2 × 11 = 22	3 × 1 = 3
10 × 2 = 20	3 × 2 = 6	1 × 2 = 2

Sheet 5 Answers ✓

10 × 0 = 0	1 × 9 = 9	11 × 2 = 22
5 × 2 = 10	2 × 7 = 14	12 × 1 = 12
2 × 10 = 20	11 × 0 = 0	5 × 0 = 0
1× 6 = 6	2 × 9 = 18	2 × 7 = 14
3 × 2 = 6	6 × 2 = 12	6 × 1 = 6
10 × 0 = 0	9 × 2 = 18	2 × 12 = 24
0 × 5 = 0	4 × 2 = 8	0 × 8 = 0
2 × 3 = 6	3 × 2 = 6	2 × 11 = 22
2 × 2 = 4	1 × 6 = 6	2 × 4 = 8
6 × 2 = 12	8 × 1 = 8	3 × 0 = 0
3 × 2 = 6	2 × 12 = 24	4 × 1 = 4
3 × 1 = 3	7 × 0 = 0	8 × 2 = 16
2 × 5 = 10	4 × 0 = 0	1 × 7 = 7

Sheet 6 Answers

7 × 2 = 14	12 × 2 = 24	2 × 12 = 24
0 × 11 = 0	2 × 1 = 2	1 × 6 = 6
2 × 10 = 20	2 × 8 = 16	2 × 9 = 18
10 × 1 = 10	3 × 1 = 3	3 × 2 = 6
12 × 2 = 24	8 × 2 = 16	7 × 1 = 7
4 × 1 = 4	0 × 12 = 0	0 × 12 = 0
6 × 0 = 0	1 × 5 = 5	12 × 2 = 24
2 × 10 = 20	2 × 10 = 20	1 × 2 = 2
2 × 5 = 10	2 × 5 = 10	2 × 11 = 22
10 × 2 = 20	2 × 3 = 6	0 × 7 = 0
3 × 2 = 6	11 × 1 = 11	5 × 2 = 10
1 × 6 = 6	4 × 0 = 0	2 × 6 = 12
9 × 2 = 18	0 × 8 = 0	1 × 4 = 4

Test Answers 7 – 12

Find your answers in the tables below.

Sheet 7 Answers

2 = 6	1 × 12 = 12	3 × 0 = 0
× 1 = 10	11 × 2 = 22	2 × 5 = 10
5 = 10	2 × 12 = 24	1 × 5 = 5
0 = 0	0 × 3 = 0	2 × 10 = 20
2 = 16	2 × 4 = 8	0 × 6 = 0
× 1 = 11	2 × 3 = 6	2 × 11 = 22
× 2 = 20	9 × 1 = 9	1 × 4 = 4
4 = 0	2 × 4 = 8	9 × 2 = 18
× 9 = 18	2 × 7 = 14	2 × 6 = 12
× 10 = 20	4 × 2 = 8	12 × 1 = 12
× 10 = 10	11 × 1 = 11	4 × 2 = 8
× 2 = 24	7 × 0 = 0	2 × 2 = 4
× 2 = 2	2 × 3 = 6	4 × 0 = 0

Sheet 8 Answers

3 × 2 = 6	1 × 12 = 12	3 × 0 = 0
10 × 1 = 10	11 × 2 = 22	2 × 5 = 10
2 × 5 = 10	2 × 12 = 24	1 × 5 = 5
5 × 0 = 0	0 × 3 = 0	2 × 10 = 20
8 × 2 = 16	2 × 4 = 8	0 × 6 = 0
11 × 1 = 11	2 × 3 = 6	2 × 11 = 22
10 × 2 = 20	9 × 1 = 9	1 × 4 = 4
0 × 4 = 0	2 × 4 = 8	9 × 2 = 18
2 × 9 = 18	2 × 7 = 14	2 × 6 = 12
2 × 10 = 20	4 × 2 = 8	12 × 1 = 12
1 × 10 = 10	11 × 1 = 11	4 × 2 = 8
12 × 2 = 24	7 × 0 = 0	2 × 2 = 4
1 × 2 = 2	2 × 3 = 6	4 × 0 = 0

Sheet 9 Answers

× 2 = 22	2 × 11 = 22	1 × 6 = 6
× 1 = 3	0 × 8 = 0	5 × 2 = 10
× 10 = 20	1 × 11 = 11	0 × 10 = 0
× 12 = 24	7 × 2 = 14	9 × 1 = 9
× 0 = 0	11 × 1 = 11	1 × 2 = 2
× 1 = 2	12 × 1 = 12	2 × 10 = 20
× 2 = 6	1 × 7 = 7	0 × 11 = 0
× 9 = 9	8 × 0 = 0	2 × 9 = 18
× 0 = 0	2 × 4 = 4	1 × 7 = 7
× 2 = 14	1 × 12 = 12	5 × 0 = 0
× 2 = 6	8 × 2 = 16	2 × 6 = 12
× 8 = 16	4 × 2 = 8	7 × 1 = 7
2 × 2 = 24	5 × 2 = 10	6 × 2 = 12

Sheet 10 Answers

2 × 10 = 20	3 × 9 = 27	5 × 2 = 10
9 × 3 = 27	2 × 11 = 22	4 × 1 = 4
3 × 11 = 33	4 × 1 = 4	11 × 3 = 33
2 × 9 = 18	3 × 2 = 6	2 × 12 = 24
5 × 3 = 15	9 × 2 = 18	2 × 11 = 22
1 × 3 = 3	3 × 8 = 24	6 × 3 = 18
2 × 6 = 12	3 × 10 = 30	2 × 3 = 6
8 × 2 = 16	5 × 2 = 10	2 × 8 = 16
3 × 6 = 18	2 × 4 = 8	7 × 1 = 7
2 × 3 = 6	10 × 3 = 30	3 × 4 = 12
3 × 2 = 6	2 × 6 = 12	1 × 3 = 3
3 × 1 = 3	1 × 10 = 10	2 × 4 = 8
6 × 2 = 12	2 × 2 = 4	10 × 2 = 20

Sheet 11 Answers

× 8 = 8	8 × 2 = 16	2 × 7 = 14
4 × 3 = 12	10 × 2 = 20	7 × 3 = 21
× 3 = 3	2 × 11 = 22	3 × 2 = 6
2 × 5 = 10	3 × 12 = 36	2 × 10 = 20
6 × 3 = 18	12 × 3 = 36	7 × 3 = 21
3 × 1 = 3	8 × 3 = 24	5 × 3 = 15
3 × 6 = 18	2 × 12 = 24	1 × 11 = 11
9 × 2 = 18	3 × 5 = 15	6 × 2 = 12
3 × 4 = 12	5 × 2 = 10	3 × 11 = 33
2 × 4 = 8	3 × 9 = 27	11 × 2 = 22
11 × 3 = 33	5 × 2 = 10	12 × 2 = 24
3 × 2 = 6	3 × 12 = 36	12 × 2 = 24
4 × 1 = 4	1 × 2 = 2	10 × 3 = 30

Sheet 12 Answers

3 × 5 = 15	3 × 2 = 6	3 × 3 = 9
9 × 3 = 27	11 × 2 = 22	2 × 6 = 12
10 × 2 = 20	3 × 8 = 24	7 × 2 = 14
4 × 3 = 12	11 × 1 = 11	7 × 1 = 7
1 × 5 = 5	2 × 4 = 8	3 × 4 = 12
2 × 7 = 14	3 × 6 = 18	2 × 10 = 20
8 × 3 = 24	2 × 11 = 22	3 × 8 = 24
2 × 3 = 6	12 × 1 = 12	11 × 3 = 33
5 × 3 = 15	3 × 1 = 3	6 × 2 = 12
2 × 9 = 18	3 × 11 = 33	4 × 2 = 8
3 × 10 = 30	7 × 3 = 21	1 × 3 = 3
2 × 10 = 20	4 × 1 = 4	3 × 11 = 33
10 × 2 = 20	2 × 7 = 14	3 × 2 = 6

Test Answers 13 – 18

Find your answers in the tables below.

Sheet 13 Answers ✔

11 × 2 = 22	2 × 2 = 4	2 × 8 = 16
6 × 2 = 12	2 × 11 = 22	2 × 12 = 24
2 × 7 = 14	8 × 2 = 16	9 × 3 = 27
6 × 3 = 18	7 × 2 = 14	2 × 6 = 12
2 × 10 = 20	7 × 1 = 7	1 × 12 = 12
6 × 3 = 18	2 × 3 = 6	2 × 11 = 22
8 × 3 = 24	2 × 4 = 8	3 × 11 = 33
3 × 2 = 6	1 × 2 = 2	3 × 3 = 9
3 × 1 = 3	11 × 3 = 33	1 × 2 = 2
3 × 9 = 27	12 × 2 = 24	3 × 6 = 18
2 × 5 = 10	3 × 8 = 24	12 × 3 = 36
12 × 2 = 24	3 × 10 = 30	1 × 9 = 9
3 × 5 = 15	3 × 10 = 30	8 ×

Sheet 14 Answers

11 × 2 = 22	2 × 8 = 16	3 × 10 =
10 × 3 = 30	10 × 1 = 10	2 × 1 = 2
2 × 11 = 22	4 × 1 = 4	3 × 12 =
3 × 8 = 24	7 × 3 = 21	1 × 8 = 8
4 × 5 = 20	2 × 1 = 2	10 × 2 =
5 × 2 = 10	2 × 9 = 18	1 × 2 = 2
2 × 6 = 12	3 × 6 = 18	5 × 1 = 5
1 × 11 = 11	2 × 1 = 2	11 × 3 =
2 × 10 = 20	1 × 3 = 3	4 × 2 = 8
7 × 1 = 7	2 × 12 = 24	12 × 3 =
8 × 2 = 16	3 × 5 = 15	12 × 2 =
6 × 1 = 6	2 × 7 = 14	1 × 10 =
2 × 2 = 4	3 × 2 = 6	3 × 7 = 21

Sheet 15 Answers ✔

1 × 10 = 10	5 × 3 = 15	5 × 1 = 5
2 × 1 = 2	9 × 3 = 27	3 × 2 = 6
12 × 1 = 12	8 × 2 = 16	2 × 6 = 12
1 × 3 = 3	10 × 2 = 20	3 × 9 = 27
2 × 1 = 2	3 × 12 = 36	1 × 4 = 4
2 × 7 = 14	2 × 3 = 6	11 × 3 = 33
3 × 1 = 3	1 × 9 = 9	11 × 2 = 22
2 × 2 = 4	1 × 1 = 1	2 × 11 = 22
7 × 3 = 21	1 × 2 = 2	2 × 8 = 16
12 × 3 = 36	4 × 1 = 4	4 × 3 = 12
6 × 2 = 12	3 × 3 = 9	1 × 6 = 6
11 × 1 = 11	3 × 8 = 24	9 × 1 = 9
1 × 8 = 8	5 × 2 = 10	3 × 1 = 3

Sheet 16 Answers

1 × 2 = 2	5 × 3 = 15	5 × 2 =
1 × 4 = 4	9 × 2 = 18	2 × 1 =
6 × 3 = 18	10 × 2 = 20	9 × 1 =
2 × 3 = 6	4 × 3 = 12	1 × 11 =
2 × 9 = 18	3 × 8 = 24	2 × 7 = 14
11 × 3 = 33	2 × 8 = 16	2 × 3 = 6
1 × 2 = 2	12 × 3 = 36	6 × 1 = 6
8 × 1 = 8	1 × 10 = 10	2 × 10 = 20
3 × 7 = 21	9 × 3 = 27	2 × 2 = 4
2 × 5 = 10	2 × 11 = 22	4 × 1 = 4
11 × 2 = 22	5 × 1 = 5	3 × 2 = 6
7 × 1 = 7	2 × 4 = 8	2 × 6 = 12
3 × 12 = 36	3 × 11 = 33	1 × 6 = 6

Sheet 17 Answers ✔

4 × 3 = 12	9 × 3 = 27	12 × 3 = 36
2 × 8 = 16	4 × 1 = 4	6 × 1 = 6
3 × 10 = 30	5 × 3 = 15	2 × 10 = 20
10 × 2 = 20	10 × 1 = 10	12 × 1 = 12
3 × 4 = 12	3 × 7 = 21	3 × 5 = 15
2 × 3 = 6	6 × 3 = 18	8 × 3 = 24
2 × 7 = 14	7 × 1 = 7	2 × 11 = 22
1 × 11 = 11	4 × 3 = 12	2 × 9 = 18
4 × 2 = 8	8 × 1 = 8	1 × 6 = 6
7 × 3 = 14	1 × 5 = 5	4 × 1 = 4
2 × 4 = 8	5 × 2 = 10	1 × 3 = 3
6 × 2 = 12	11 × 3 = 33	4 × 2 = 8
11 × 2 = 22	1 × 7 = 7	10 × 3 = 30

Sheet 18 Answers ✔

1 × 10 = 10	8 × 3 = 24	3 × 2 = 6
9 × 2 = 18	10 × 1 = 10	2 × 10 = 20
11 × 3 = 33	4 × 3 = 12	3 × 1 = 3
2 × 11 = 22	3 × 7 = 21	11 × 2 = 22
3 × 6 = 18	2 × 3 = 6	12 × 1 = 12
5 × 3 = 15	1 × 6 = 6	2 × 7 = 14
7 × 3 = 21	3 × 5 = 15	3 × 12 = 36
11 × 1 = 11	8 × 2 = 16	2 × 1 = 2
10 × 3 = 30	6 × 3 = 18	1 × 3 = 3
2 × 2 = 4	1 × 8 = 8	2 × 6 = 12
10 × 2 = 20	1 × 2 = 2	1 × 1 = 1
1 × 12 = 12	3 × 2 = 6	8 × 1 = 8
1 × 4 = 4	9 × 3 = 27	2 × 4 = 8

Test Answers 19 - 24

Find your answers in the tables below.

Sheet 19 Answers

5 = 20	2 × 6 = 12	4 × 3 = 12
3 = 3	10 × 4 = 40	6 × 3 = 18
9 = 18	9 × 3 = 27	2 × 7 = 14
2 = 18	10 × 2 = 20	5 × 3 = 15
3 = 21	2 × 2 = 4	6 × 4 = 24
2 = 8	3 × 1 = 3	11 × 2 = 22
5 = 10	4 × 8 = 32	9 × 3 = 27
2 = 12	4 × 11 = 44	3 × 11 = 33
4 = 24	4 × 10 = 40	3 × 6 = 18
10 = 20	5 × 2 = 10	2 × 11 = 22
× 3 = 33	8 × 2 = 16	2 × 4 = 8
1 = 2	2 × 6 = 12	3 × 7 = 21
6 = 18	4 × 6 = 24	2 × 7 = 14

Sheet 20 Answers

1 × 4 = 4	4 × 1 = 4	4 × 8 = 32
4 × 11 = 44	3 × 2 = 6	4 × 2 = 8
3 × 7 = 21	2 × 1 = 2	3 × 12 = 36
2 × 7 = 14	2 × 5 = 10	2 × 4 = 8
4 × 9 = 36	5 × 4 = 20	12 × 4 = 48
7 × 2 = 14	6 × 2 = 12	4 × 12 = 48
10 × 4 = 40	3 × 4 = 12	2 × 4 = 8
3 × 1 = 3	4 × 3 = 12	8 × 4 = 32
8 × 3 = 24	3 × 11 = 33	4 × 2 = 8
11 × 2 = 22	4 × 5 = 20	7 × 4 = 28
4 × 10 = 40	2 × 8 = 16	4 × 6 = 24
7 × 3 = 21	2 × 9 = 18	9 × 4 = 36
3 × 3 = 9	4 × 7 = 28	6 × 4 = 24

Sheet 21 Answers

× 2 = 14	5 × 4 = 20	2 × 12 = 24
× 12 = 48	4 × 7 = 28	2 × 8 = 16
× 4 = 44	10 × 2 = 20	7 × 3 = 21
× 3 = 33	8 × 4 = 32	1 × 4 = 4
× 3 = 18	4 × 4 = 16	8 × 3 = 24
× 2 = 12	12 × 2 = 24	4 × 3 = 12
× 4 = 48	5 × 3 = 15	6 × 4 = 24
× 10 = 30	4 × 11 = 44	10 × 3 = 30
× 4 =8	4 × 8 = 32	5 × 2 = 10
× 1 = 3	3 × 2 = 6	2 × 6 = 16
× 2 = 2	2 × 1 = 2	2 × 4 = 8
× 3 = 9	4 × 2 = 8	3 × 7 = 21
× 2 = 4	11 × 2 = 22	2 × 10 = 20

Sheet 22 Answers

6 × 3 = 18	4 × 9 = 36	4 × 7 = 28
9 × 3 = 27	2 × 3 = 6	2 × 1 = 2
10 × 2 = 20	2 × 5 = 10	4 × 1 = 4
7 × 2 = 14	1 × 3 = 3	2 × 7 = 14
5 × 4 = 20	2 × 10 = 20	4 × 11 = 44
11 × 2 = 22	4 × 8 = 32	4 × 2 = 8
10 × 4 = 40	4 × 5 = 20	2 × 11 = 22
3 × 9 = 27	1 × 2 = 2	3 × 2 = 6
2 × 8 = 16	12 × 4 = 48	4 × 6 = 24
3 × 1 = 3	3 × 4 = 12	3 × 6 = 18
2 × 4 = 8	9 × 2 = 18	3 × 10 = 30
2 × 12 = 24	5 × 3 = 15	3 × 5 = 15
4 × 3 = 12	6 × 4 = 24	12 × 3 = 36

Sheet 23 Answers

× 3 = 3	3 × 4 = 12	3 × 5 = 15
× 4 = 8	4 × 3 = 12	2 × 2 = 4
× 5 = 10	4 × 12 = 48	4 × 8 = 32
× 3 = 6	4 × 10 = 40	6 × 2 = 12
× 7 = 28	4 × 4 = 16	3 × 7 = 21
× 2 = 10	2 × 9 = 18	8 × 4 = 32
× 2 = 18	12 × 3 = 36	4 × 9 = 36
1 × 2 = 22	10 × 2 = 20	7 × 4 = 28
× 4 = 36	2 × 6 = 12	3 × 2 = 6
3 × 4 = 12	11 × 3 = 33	4 × 5 = 20
× 4 = 4	9 × 3 = 27	2 × 11 = 22
4 × 2 = 8	3 × 9 = 27	12 × 2 = 24
2 × 10 = 20	3 × 10 = 30	6 × 4 = 24

Sheet 24 Answers

2 × 12 = 24	9 × 2 = 18	4 × 8 = 32
2 × 1 = 2	1 × 3 = 3	4 × 9 = 36
4 × 10 = 40	10 × 2 = 20	2 × 6 = 12
3 × 4 = 12	4 × 2 = 8	2 × 5 = 10
8 × 4 = 32	4 × 1 = 4	4 × 12 = 48
3 × 9 = 27	10 × 3 = 30	2 × 8 = 16
2 × 9 = 18	3 × 4 = 12	4 × 3 = 12
3 × 12 = 36	2 × 10 = 20	11 × 2 = 22
1 × 2 = 2	4 × 5 = 20	6 × 2 = 12
7 × 2 = 14	5 × 4 = 20	3 × 3 = 9
5 × 3 = 15	3 × 7 = 21	12 × 4 = 48
4 × 2 = 8	2 × 3 = 6	7 × 4 = 28
12 × 3 = 36	11 × 3 = 33	3 × 11 = 33

Test Answers 25 - 30

Find your answers in the tables below.

Sheet 25 Answers

2 × 12 = 24	3 × 6 = 18	2 × 4 = 8
5 × 3 = 15	11 × 4 = 44	4 × 5 = 20
2 × 3 = 6	7 × 2 = 14	10 × 3 = 30
10 × 2 = 20	2 × 5 = 10	4 × 11 = 44
2 × 7 = 14	4 × 10 = 40	8 × 3 = 24
2 × 8 = 16	3 × 12 = 36	3 × 1 = 3
6 × 3 = 18	12 × 4 = 48	2 × 11 = 22
4 × 7 = 28	4 × 4 = 16	4 × 2 = 8
4 × 1 = 4	3 × 5 = 12	3 × 4 = 12
11 × 3 = 33	8 × 4 = 32	1 × 3 = 3
4 × 2 = 8	4 × 3 = 12	9 × 4 = 36
5 × 4 = 20	12 × 2 = 24	5 × 2 = 10
3 × 10 = 30	1 × 4 = 4	2 × 3 = 6

Sheet 26 Answers

2 × 5 = 10	10 × 3 = 30	2 × 12 =
6 × 3 = 18	3 × 2 = 6	12 × 4 =
4 × 2 = 8	6 × 4 = 24	5 × 3 =
3 × 4 = 12	9 × 4 = 36	1 × 4 =
3 × 8 = 24	2 × 7 = 14	7 × 3 =
3 × 11 = 33	2 × 11 = 22	7 × 4 =
4 × 2 = 8	8 × 2 = 16	3 × 9 =
3 × 4 = 12	11 × 4 = 44	2 × 2 = 4
8 × 4 = 32	4 × 12 = 48	3 × 5 = 1
5 × 2 = 10	7 × 2 = 14	4 × 9 = 3
3 × 12 = 36	12 × 3 = 36	2 × 6 = 1
4 × 1 = 4	4 × 11 = 44	3 × 6 = 1
4 × 4 = 16	3 × 1 = 3	3 × 10 =

Sheet 27 Answers

12 × 4 = 48	3 × 8 = 24	2 × 7 = 14
8 × 3 = 24	7 × 2 = 14	7 × 3 = 21
2 × 5 = 10	1 × 4 = 4	3 × 1 = 3
5 × 4 = 20	4 × 6 = 24	6 × 2 = 12
6 × 4 = 24	7 × 4 = 28	9 × 3 = 27
12 × 3 = 36	3 × 11 = 33	2 × 10 = 20
4 × 2 = 8	4 × 7 = 28	2 × 8 = 16
2 × 9 = 18	4 × 8 = 32	10 × 4 = 40
2 × 3 = 6	2 × 6 = 12	2 × 1 = 2
1 × 2 = 2	11 × 4 = 44	4 × 12 = 48
12 × 2 = 24	5 × 3 = 15	3 × 9 = 27
9 × 2 = 18	6 × 3 = 18	3 × 7 = 21
3 × 2 = 6	3 × 4 =12	2 × 4 = 8

Sheet 28 Answers

5 × 4 = 20	5 × 1 = 5	5 × 10 = 50
3 × 7 = 21	5 × 3 = 15	3 × 4 = 12
3 × 5 = 15	11 × 3 = 33	11 × 4 = 44
4 × 2 = 8	4 × 9 = 36	8 × 4 = 32
4 × 7 = 28	2 × 3 = 6	10 × 3 = 30
5 × 3 = 15	6 × 4 = 24	3 × 10 = 30
2 × 5 = 10	5 × 12 = 60	4 × 10 = 40
4 × 3 = 12	3 × 1 = 3	3 × 3 = 9
7 × 3 = 21	4 × 11 = 44	1 × 3 = 3
6 × 5 = 30	5 × 7 = 35	5 × 8 = 40
4 × 5 = 20	1 × 5 = 5	3 × 11 = 33
12 × 5 = 60	8 × 3 = 24	4 × 6 = 24
5 × 11 = 55	8 × 5 = 40	5 × 9 = 45

Sheet 29 Answers

4 × 11 = 44	5 × 1 = 5	5 × 4 = 20
5 × 6 = 30	12 × 3 = 26	2 × 4 = 8
3 × 5 = 15	5 × 10 = 50	3 × 9 = 27
4 × 10 = 40	7 × 4 = 28	5 × 7 = 35
1 × 4 = 4	9 × 3 = 27	6 × 3 = 18
3 × 11 = 33	10 × 3 = 30	4 × 12 = 48
5 × 3 = 15	9 × 4 = 36	4 × 3 = 12
3 × 2 = 6	10 × 4 = 40	6 × 4 = 24
3 × 4 = 12	11 × 3 = 33	4 × 6 = 24
5 × 11 = 55	7 × 3 = 21	3 × 6 = 18
12 × 5 = 60	4 × 7 = 28	12 × 4 = 48
5 × 5 = 25	5 × 9 = 45	11 × 4 = 44
8 × 4 = 32	2 × 5 = 10	1 × 5 = 5

Sheet 30 Answers

3 × 2 = 6	4 × 8 = 32	4 × 10 = 40
4 × 7 = 28	3 × 1 = 3	6 × 5 = 30
5 × 1 = 5	10 × 4 = 40	8 × 5 = 40
7 × 4 = 28	5 × 2 = 10	4 × 4 = 16
4 × 3 = 12	11 × 4 = 44	3 × 9 = 27
2 × 4 = 8	5 × 9 = 45	10 × 5 = 50
4 × 9 = 36	4 × 3 = 12	4 × 2 = 8
3 × 3 = 9	11 × 3 = 33	5 × 12 = 60
5 × 5 = 25	12 × 5 = 60	5 × 3 = 15
8 × 4 = 32	9 × 5 = 45	1 × 3 = 3
12 × 3 = 36	10 × 3 = 30	4 × 5 = 20
1 × 5 = 5	4 × 11 = 44	3 × 4 = 12
3 × 6 = 18	5 × 7 = 35	8 × 3 = 24

Test Answers 31 – 36

Find your answers in the tables below.

Sheet 31 Answers ✔

x 3 = 30	5 × 5 = 25	4 × 1 = 4
4 = 8	4 × 9 = 36	3 × 4 = 12
5 = 40	4 × 8 = 32	9 × 5 = 45
3 = 9	6 × 3 = 18	5 × 11 = 55
5 = 30	6 × 4 = 24	3 × 1 = 3
x 3 = 36	5 × 3 = 15	3 × 6 = 18
5 = 15	5 × 10 = 50	5 × 2 = 10
x 3 = 33	7 × 3 = 21	3 × 12 = 36
x 1 = 5	3 × 10 = 30	12 × 4 = 48
x 7 = 35	5 × 9 = 45	8 × 4 = 32
x 7 = 28	7 × 4 = 28	11 × 5 = 55
x 4 = 40	4 × 4 = 16	3 × 8 = 24
x 12 = 60	2 × 3 = 6	4 × 12 = 48

Sheet 32 Answers ✔

4 × 11 = 44	5 × 5 = 25	5 × 4 = 20
3 × 11 = 33	10 × 3 = 30	3 × 3 = 9
9 × 5 = 45	12 × 4 = 48	5 × 3 = 15
4 × 3 = 12	7 × 3 = 21	5 × 2 = 10
4 × 5 = 20	7 × 5 = 35	8 × 4 =32
5 × 11 = 55	1 × 3 = 3	3 × 6 = 18
11 × 5 = 55	5 × 7 = 35	11 × 4 = 44
9 × 4 = 36	5 × 8 = 40	4 × 8 = 32
3 × 12 = 36	5 × 4 =20	9 × 3 = 27
3 × 4 = 12	5 × 6 = 30	4 × 9 = 36
8 × 3 = 24	1 × 5 = 5	4 × 6 = 24
5 × 10 = 50	3 × 8 = 24	11 × 3 = 33
6 × 5 = 30	7 × 4 = 28	1 × 4 = 4

Sheet 33 Answers ✔

x 3 = 6	4 × 1 = 4	4 × 3 = 12
x 12 = 36	4 × 10 = 40	3 × 6 = 18
x 5 = 30	4 × 5 = 20	3 × 5 = 15
x 5 = 40	5 × 6 = 30	4 × 7 = 28
x 5 = 45	10 × 4 = 40	4 × 9 = 36
x 4 = 4	4 × 3 = 12	5 × 8 = 40
x 9 = 45	8 × 4 = 32	12 × 5 = 60
1 × 4 = 44	10 × 3 = 30	3 × 4 = 12
1 × 3 = 33	3 × 11 = 33	12 × 4 = 48
x 3 = 21	5 × 4 = 20	5 × 11 = 55
x 8 = 24	3 × 4 = 12	7 × 5 = 35
x 3 = 24	11 × 5 = 55	3 × 9 = 27
0 × 5 = 50	6 × 4 = 24	5 × 4 = 20

Sheet 34 Answers ✔

1 × 5 = 5	3 × 7 = 21	3 × 4 = 12
7 × 3 = 21	7 × 5 = 35	7 × 4 = 28
5 × 4 = 20	4 × 5 = 20	1 × 4 = 4
4 × 8 = 32	4 × 6 = 24	5 × 1 = 5
3 × 2 = 6	5 × 5 = 25	4 × 4 = 16
4 × 11 = 44	3 × 10 = 30	4 × 7 = 28
3 × 5 = 35	2 × 3 = 6	9 × 5 = 45
5 × 3 = 15	5 × 10 = 50	8 × 3 = 24
3 × 11 = 33	5 × 7 = 35	3 × 4 = 12
3 × 12 = 36	3 × 8 = 24	5 × 6 = 30
12 × 5 = 60	12 × 3 = 36	9 × 4 = 36
5 × 4 = 20	11 × 5 = 55	4 × 9 = 36
6 × 4 = 24	3 × 9 = 27	5 × 9 = 45

Sheet 35 Answers ✔

1 × 3 = 33	4 × 7 = 28	5 × 10 = 50
0 × 3 = 30	9 × 3 = 27	4 × 11 = 44
6 = 18	5 × 4 = 20	3 × 5 = 15
× 10 = 30	12 × 4 = 48	9 × 4 = 36
4 × 10 = 40	3 × 9 = 27	1 × 4 = 4
3 × 12 = 36	4 × 6 = 24	6 × 3 = 18
5 × 3 = 15	5 × 9 = 45	8 × 3 = 24
5 × 8 = 40	1 × 5 = 5	10 × 4 = 40
3 × 8 = 24	8 × 4 = 32	4 × 9 = 36
12 × 5 = 60	3 × 7 = 21	6 × 4 = 24
5 × 1 = 5	9 × 5 = 40	6 × 5 = 30
5 × 7 = 35	3 × 4 = 12	5 × 5 = 25
5 × 4 = 20	5 × 3 = 15	10 × 5 = 50

Sheet 36 Answers ✔

4 × 10 = 40	3 × 5 = 15	4 × 3 = 12
5 × 6 = 30	3 × 8 = 24	3 × 10 = 30
10 × 5 = 50	4 × 5 =20	7 × 5 = 35
9 × 5 = 45	8 × 5 = 40	6 × 3 = 18
4 × 6 = 24	5 × 12 = 60	5 × 8 = 40
1 × 3 = 3	8 × 3 = 24	11 × 4 = 44
10 × 3 = 30	3 × 11 = 33	1 × 4 = 4
2 × 3 = 6	4 × 1 = 4	9 × 3 = 27
3 × 5 = 15	5 × 5 = 25	7 × 4 = 28
3 × 1 = 3	9 × 4 = 36	10 × 4 = 40
4 × 11 = 44	5 × 10 = 50	4 × 8 = 32
1 × 5 = 5	7 × 3 = 21	4 × 7 = 28
4 × 4 = 16	6 × 4 = 24	3 × 2 = 6

Test Answers 37 – 42

Find your answers in the tables below.

Sheet 37 Answers ✔

2 × 5 = 10	3 × 4 =12	4 × 9 = 36
5 × 4 =20	8 × 4 = 32	6 × 4 = 24
4 × 5 = 20	11 × 5 = 55	4 × 4 = 16
5 × 9 = 45	10 × 5 = 50	6 × 2 = 12
5 × 8 = 40	4 × 11 = 44	6 × 10 = 60
4 × 2 =8	6 × 5 = 30	4 × 12 = 48
1 × 6 = 6	4 × 5 = 20	5 × 7 = 35
3 × 5 =15	10 × 4 = 40	10 × 6 = 60
6 × 12 = 72	4 × 6 = 24	6 × 9 = 54
5 × 11 = 55	11 × 4 = 44	5 × 10 = 50
8 × 5 =40	6 × 11 = 66	6 × 5 = 30
2 × 4 =8	3 × 6 = 18	9 × 4 = 36
7 × 5 =35	9 × 6 = 54	6 × 6 = 36

Sheet 38 Answers

5 × 9 = 45	9 × 5 = 40	4 × 11 =
5 × 4 = 20	4 × 7 =28	8 × 4 = 3
7 × 6 = 42	9 × 6 = 54	6 × 5 = 3
6 × 2 = 12	2 × 6 = 12	6 × 12 =
6 × 4 = 24	5 × 11 = 55	8 × 5 = 4
4 × 6 = 24	11 × 6 = 66	6 × 1 = 6
5 × 10 = 50	6 × 10 = 60	4 × 3 = 1
9 × 4 = 36	12 × 6 = 72	7 × 4 = 2
1 × 6 = 6	12 × 4 = 48	6 × 8 = 4
2 × 5 = 10	4 × 4 = 16	5 × 1 = 5
4 × 9 = 36	2 × 4 = 8	4 × 8 = 3
5 × 3 = 15	5 × 8 = 40	6 × 5 = 30
5 × 6 = 30	10 × 6 = 60	4 × 12 = 4

Sheet 39 Answers ✔

7 × 4 = 28	7 × 5 = 35	6 × 7 = 42
5 × 3 = 15	6 × 5 = 30	5 × 12 = 60
12 × 6 = 72	6 × 1 = 6	1 × 5 = 5
4 × 9 = 36	1 × 4 = 4	4 × 3 = 12
8 × 5 = 40	5 × 7 = 35	9 × 6 = 54
1 × 6 = 6	4 × 6 = 24	5 × 10 = 50
4 × 5 = 20	6 × 4 = 24	4 × 8 = 32
5 × 6 = 30	12 × 5 = 60	12 × 4 = 48
3 × 5 = 15	2 × 5 = 10	6 × 2 = 12
3 × 6 = 18	5 × 8 = 40	6 × 9 = 54
7 × 6 = 42	3 × 4 = 12	4 × 4 = 16
4 × 2 = 8	4 × 5 = 20	5 × 11 = 55
4 × 10 = 40	5 × 4 = 20	6 × 8 = 48

Sheet 40 Answers ✔

9 × 5 = 45	5 × 9 = 45	10 × 4 = 40
7 × 6 = 42	10 × 5 = 50	6 × 7 = 42
4 × 2 = 8	5 × 4 = 20	4 × 12 = 48
12 × 4 = 48	2 × 5 = 10	6 × 4 = 24
5 × 2 = 10	6 × 11 = 66	6 × 8 = 48
8 × 4 = 32	2 × 6 = 12	6 × 12 = 72
4 × 6 = 24	11 × 5 = 55	5 × 8 = 40
6 × 9 = 54	6 × 4 = 24	6 × 5 = 30
3 × 6 = 18	4 × 3 = 12	5 × 1 = 5
7 × 4 = 28	4 × 1 = 4	1 × 4 = 4
4 × 10 = 40	4 × 5 = 20	10 × 6 = 60
6 × 1 = 6	4 × 7 = 28	3 × 4 = 12
3 × 5 = 15	8 × 6 = 58	8 × 5 = 40

Sheet 41 Answers ✔

8 × 6 = 48	5 × 6 = 30	5 × 4 = 20
6 × 12 = 72	4 × 5 = 20	3 × 6 = 18
6 × 4 = 24	2 × 4 = 8	4 × 2 = 8
8 × 4 = 32	5 × 6 = 30	3 × 4 = 12
4 × 10 = 40	7 × 6 = 42	4 × 6 = 24
5 × 8 = 40	5 × 3 = 15	12 × 5 = 60
10 × 4 = 40	6 × 3 = 18	2 × 6 = 12
9 × 5 = 45	9 × 4 = 36	10 × 5 = 50
6 × 2 = 12	1 × 6 = 6	11 × 5 = 55
4 × 6 = 24	12 × 4 = 48	11 × 6 = 66
3 × 5 = 15	7 × 4 = 28	5 × 12 = 60
2 × 5 = 10	11 × 4 = 44	1 × 4 = 4
5 × 5 = 25	6 × 10 = 60	5 × 10 = 50

Sheet 42 Answers ✔

3 × 4 = 12	5 × 5 = 25	10 × 6 = 60
7 × 5 = 35	4 × 6 = 24	6 × 12 = 72
6 × 5 = 30	5 × 6 = 30	5 × 4 = 20
10 × 4 = 40	6 × 11 = 66	9 × 4 = 28
5 × 3 = 15	4 × 5 = 20	4 × 6 = 24
5 × 8 = 40	6 × 1 = 6	4 × 4 = 16
8 × 4 = 32	7 × 4 = 28	6 × 2 = 12
12 × 6 = 72	7 × 6 = 42	6 × 10 = 60
4 × 12 = 48	6 × 8 = 48	5 × 6 = 30
6 × 7 = 42	8 × 6 = 48	6 × 6 = 36
2 × 5 = 10	9 × 5 = 45	2 × 6 = 12
5 × 12 = 60	4 × 1 = 4	3 × 6 = 18
11 × 4 = 44	1 × 5 = 5	9 × 6 = 54

Test Answers 43 - 48

Find your answers in the tables below.

heet 43 Answers

5 = 30	5 × 6 = 30	5 × 9 = 45
4 = 20	4 × 2 = 8	3 × 5 = 15
× 5 = 50	4 × 9 = 36	5 × 1 = 5
× 6 = 66	6 × 9 = 54	8 × 5 = 40
× 6 = 72	3 × 4 = 12	5 × 8 = 40
12 = 60	6 × 11 = 66	6 × 10 = 60
6 = 18	2 × 4 = 8	12 × 4 = 48
1 = 4	7 × 4 = 28	2 × 5 = 10
6 = 48	4 × 6 = 24	8 × 4 = 24
× 4 = 40	5 × 10 = 50	5 × 11 = 55
4 = 24	9 × 4 = 36	7 × 5 = 35
× 4 = 44	2 × 6 = 12	4 × 7 = 28
6 = 30	4 × 5 = 20	6 × 5 = 30

Sheet 44 Answers

11 × 4 = 44	5 × 3 = 15	5 × 7 = 35
4 × 6 = 24	2 × 6 = 12	5 × 10 = 50
4 × 12 = 48	6 × 5 = 30	9 × 6 = 54
6 × 3 = 18	6 × 1 = 6	4 × 4 = 16
12 × 5 = 60	11 × 6 = 66	10 × 5 = 50
6 × 6 = 36	6 × 4 = 24	12 × 6 = 72
4 × 2 = 8	1 × 4 = 4	6 × 11 = 66
5 × 11 = 55	4 × 5 = 20	6 × 9 = 54
1 × 5 = 5	5 × 1 = 5	4 × 8 = 32
5 × 9 = 45	5 × 12 = 60	8 × 6 = 48
6 × 5 = 30	4 × 7 = 28	6 × 4 = 24
5 × 8 = 40	5 × 6 = 30	4 × 5 = 20
10 × 6 = 60	9 × 4 = 36	12 × 4 = 48

heet 45 Answers

× 6 = 54	3 × 5 = 15	5 × 7 = 35
× 5 = 35	2 × 4 = 8	5 × 2 = 10
× 4 = 4	4 × 12 = 48	1 × 6 = 6
× 5 = 45	4 × 3 = 12	5 × 6 = 30
× 6 = 36	6 × 11 = 66	2 × 5 = 10
× 11 = 55	6 × 10 = 60	1 × 5 = 5
× 6 = 30	8 × 6 = 48	5 × 9 = 45
× 6 = 66	4 × 9 = 36	6 × 12 = 72
× 4 = 24	3 × 6 = 18	5 × 10 = 50
× 8 = 32	5 × 5 = 25	10 × 4 = 40
× 5 = 20	5 × 12 = 60	5 × 1 = 5
× 4 = 16	12 × 6 = 72	8 × 4 = 32
× 6 = 42	5 × 4 = 20	6 × 5 = 30

Sheet 46 Answers

8 × 7 = 56	5 × 7 = 35	11 × 6 = 66
5 × 12 = 60	7 × 11 = 77	7 × 2 = 14
6 × 5 = 30	10 × 6 = 60	8 × 5 = 40
3 × 6 = 18	5 × 4 = 20	5 × 3 = 15
5 × 7 = 35	1 × 5 = 5	6 × 7 = 42
1 × 7 = 7	7 × 9 = 63	6 × 8 = 48
5 × 10 = 50	10 × 5 = 50	7 × 5 = 35
12 × 5 = 60	6 × 2 = 12	5 × 6 = 30
6 × 11 = 66	2 × 5 = 10	9 × 5 = 45
6 × 3 = 18	9 × 6 = 54	7 × 1 = 7
6 × 5 = 30	6 × 4 = 24	12 × 7 = 84
5 × 1 = 5	5 × 5 = 25	7 × 6 = 42
10 × 7 = 70	7 × 8 = 56	6 × 9 = 54

Sheet 47 Answers

× 11 = 55	7 × 2 = 14	5 × 6 = 30
× 8 = 40	3 × 6 = 18	7 × 6 = 42
× 7 = 35	5 × 3 = 15	9 × 5 = 45
× 11 = 66	6 × 8 = 48	6 × 9 = 54
× 10 = 60	1 × 6 = 6	6 × 4 = 24
× 6 = 36	5 × 1 = 5	5 × 6 = 30
× 9 = 49	5 × 9 = 45	7 × 7 = 49
× 5 = 30	9 × 7 = 63	9 × 6 = 54
2 × 6 = 12	4 × 6 = 24	5 × 10 = 50
10 × 5 = 50	6 × 12 = 72	5 × 12 = 60
5 × 5 = 30	7 × 1 = 7	11 × 6 = 66
7 × 12 = 84	7 × 10 = 70	8 × 7 = 56
1 × 5 = 5	5 × 4 = 20	8 × 5 = 40

Sheet 48 Answers

5 × 10 = 50	12 × 7 = 84	7 × 9 = 63
7 × 10 = 70	7 × 8 = 56	10 × 7 = 70
6 × 6 = 36	12 × 5 = 60	8 × 5 = 40
3 × 7 = 21	6 × 5 = 30	11 × 7 = 77
6 × 12 = 72	2 × 5 = 10	5 × 8 = 40
10 × 6 = 60	5 × 6 = 30	10 × 5 = 50
1 × 6 = 6	5 × 9 = 45	6 × 5 = 30
6 × 1 = 6	7 × 1 = 7	5 × 5 = 25
4 × 5 = 20	5 × 1 = 5	9 × 5 = 45
7 × 6 = 42	6 × 10 = 60	5 × 7 = 35
7 × 4 = 28	8 × 7 = 56	11 × 6 = 66
2 × 7 = 14	5 × 6 = 30	5 × 2 = 10
7 × 11 = 77	9 × 7 = 63	5 × 3 = 15

Test Answers 49 – 54

Find your answers in the tables below.

Sheet 49 Answers

7 × 4 = 28	11 × 5 = 55	6 × 12 = 72
5 × 10 = 50	9 × 5 = 45	6 × 6 = 36
6 × 11 = 66	9 × 6 = 54	7 × 2 = 14
7 × 6 = 42	5 × 5 = 25	6 × 8 = 48
7 × 7 = 49	2 × 7 = 14	1 × 7 = 7
6 × 5 = 30	11 × 7 = 77	5 × 11 = 55
12 × 6 = 72	5 × 1 = 5	3 × 6 = 18
7 × 12 = 84	7 × 5 = 35	12 × 7 = 84
6 × 2 = 12	5 × 6 = 30	10 × 6 = 60
4 × 6 = 24	6 × 4 = 24	7 × 9 = 63
2 × 6 = 12	7 × 10 = 70	7 × 6 = 42
7 × 1 = 7	3 × 7 = 21	5 × 8 = 40
8 × 6 = 48	10 × 5 = 50	6 × 3 = 18

Sheet 50 Answers

6 × 4 = 24	5 × 6 = 30	7 × 6 =
1 × 5 = 5	5 × 7 = 35	3 × 5 =
6 × 12 = 72	3 × 6 = 18	6 × 11 =
7 × 11 = 77	6 × 6 = 36	6 × 7 = 4
5 × 7 = 35	8 × 7 = 56	6 × 2 = 1
7 × 6 = 42	5 × 9 = 45	6 × 1 = 6
1 × 6 = 6	6 × 3 = 18	10 × 7 =
2 × 5 = 10	5 × 2 = 10	11 × 7 =
9 × 5 = 45	8 × 6 = 48	8 × 5 = 4
5 × 12 = 60	11 × 6 = 66	7 × 9 = 6
7 × 10 = 70	3 × 7 = 21	6 × 9 = 5
5 × 8 = 40	12 × 6 = 72	6 × 5 = 3
4 × 6 = 24	7 × 1 = 7	2 × 7 = 1

Sheet 51 Answers

5 × 4 = 20	5 × 8 = 40	10 × 6 = 60
6 × 5 = 30	5 × 7 = 35	7 × 7 = 42
7 × 10 = 70	12 × 6 = 72	5 × 5 = 25
5 × 1 = 5	3 × 6 = 18	7 × 3 = 21
12 × 7 = 84	6 × 7 = 42	6 × 9 = 54
6 × 3 = 18	6 × 1 = 6	5 × 11 = 55
6 × 8 = 48	7 × 9 = 63	5 × 12 = 60
4 × 5 = 20	11 × 7 = 77	5 × 3 = 15
6 × 11 = 66	5 × 2 = 10	8 × 6 = 48
7 × 5 = 35	5 × 7 = 35	10 × 5 = 50
6 × 6 = 36	8 × 7 = 56	6 × 7 = 42
3 × 7 = 21	7 × 1 = 7	7 × 4 = 28
3 × 5 = 35	9 × 6 = 54	5 × 6 = 30

Sheet 52 Answers

1 × 5 = 5	6 × 2 = 12	7 × 6 = 42
8 × 6 = 48	5 × 6 = 30	2 × 5 = 10
10 × 7 = 70	12 × 6 = 72	3 × 7 = 21
7 × 1 = 7	4 × 6 = 24	8 × 7 = 56
7 × 11 = 77	1 × 7 = 7	11 × 7 = 77
11 × 6 = 66	7 × 8 = 56	5 × 2 = 10
6 × 9 = 54	8 × 5 = 40	7 × 5 = 35
6 × 8 = 48	5 × 8 = 40	7 × 9 = 63
5 × 3 = 15	7 × 6 = 42	6 × 3 = 18
9 × 6 = 54	6 × 6 = 36	9 × 5 = 45
7 × 4 = 28	5 × 4 = 20	5 × 9 = 45
5 × 10 = 50	6 × 7 = 42	1 × 6 = 6
5 × 7 = 35	6 × 1 = 6	2 × 6 = 12

Sheet 53 Answers

7 × 9 = 63	11 × 6 = 66	7 × 12 = 84
6 × 2 = 12	8 × 5 = 40	2 × 5 = 10
5 × 7 = 35	6 × 1 = 6	6 × 7 = 42
5 × 6 = 30	9 × 5 = 45	7 × 5 = 35
6 × 10 = 60	5 × 3 = 15	7 × 10 = 70
10 × 7 = 70	4 × 5 = 20	5 × 10 = 50
9 × 6 = 54	6 × 8 = 48	11 × 5 = 55
7 × 8 = 56	3 × 5 = 15	6 × 7 = 42
1 × 6 = 6	5 × 2 = 10	5 × 8 = 40
5 × 11 = 55	5 × 7 = 35	8 × 6 = 48
6 × 12 = 72	12 × 5 = 60	12 × 6 = 72
6 × 5 = 30	5 × 4 = 20	7 × 5 = 35
9 × 7 = 63	11 × 7 = 77	5 × 5 = 25

Sheet 54 Answers

2 × 6 = 12 `	7 × 8 = 56	11 × 6 = 66
7 × 3 = 21	6 × 5 = 30	5 × 5 = 25
7 × 4 = 28	6 × 8 = 48	7 × 11 = 77
3 × 6 = 18	6 × 11 = 66	7 × 6 = 42
7 × 2 = 14	6 × 12 = 72	6 × 7 = 42
5 × 6 = 30	12 × 5 = 60	4 × 5 = 20
9 × 5 = 45	5 × 3 = 15	9 × 7 = 63
7 × 1 = 7	8 × 7 = 56	6 × 10 = 60
1 × 7 = 7	6 × 6 = 36	2 × 5 = 10
12 × 7 = 84	5 × 11 = 55	7 × 10 = 70
7 × 5 = 35	5 × 6 = 30	9 × 6 = 54
5 × 12 = 60	6 × 7 = 42	8 × 6 = 48
5 × 1 = 5	4 × 7 = 28	5 × 7 = 35

Test Answers 55 - 60

Find your answers in the tables below.

heet 55 Answers

× 7 = 84	6 × 3 = 18	8 × 6 = 48
8 = 8	7 × 9 = 63	9 × 6 = 54
7 = 28	8 × 9 = 72	6 × 7 = 42
12 = 84	8 × 1 = 8	6 × 6 = 36
8 = 72	6 × 9 = 54	10 × 8 = 80
4 = 24	6 × 1 = 6	4 × 6 = 24
6 = 6	12 × 8 = 96	7 × 11 = 77
6 = 42	6 × 5 = 30	8 × 12 = 96
7 = 49	5 × 7 = 35	4 × 8 = 32
5 = 40	7 × 6 = 42	2 × 7 = 14
× 10 = 80	1 × 7 = 7	11 × 8 = 88
× 6 = 48	6 × 2 = 12	2 × 8 = 16
× 7 = 63	3 × 6 = 18	7 × 5 = 35

Sheet 56 Answers

12 × 8 = 96	2 × 6 = 12	7 × 6 = 42
9 × 6 = 54	7 × 11 = 77	3 × 8 = 24
7 × 7 = 49	6 × 9 = 72	10 × 7 = 70
7 × 6 = 42	6 × 6 = 36	6 × 10 = 60
8 × 8 = 64	8 × 1 = 8	1 × 6 = 6
11 × 6 = 66	9 × 7 = 63	8 × 12 = 96
2 × 7 = 14	2 × 8 = 16	6 × 2 = 12
8 × 3 = 24	11 × 7 = 77	8 × 7 = 56
8 × 6 = 48	6 × 7 = 42	4 × 6 = 24
1 × 8 = 8	10 × 8 = 80	7 × 8 = 56
5 × 8 = 40	6 × 12 = 72	7 × 12 = 84
8 × 6 = 48	7 × 3 = 21	6 × 5 = 30
7 × 1 = 7	7 × 9 = 63	11 × 8 = 88

heet 57 Answers

× 6 = 42	7 × 5 = 35	4 × 8 = 32
× 11 = 88	12 × 7 = 84	8 × 12 = 96
× 6 = 60	6 × 2 = 12	9 × 8 = 72
× 7 = 70	7 × 1 = 7	4 × 6 = 24
× 7 = 42	8 × 6 = 48	8 × 2 = 16
× 1 = 6	1 × 6 = 6	11 × 7 = 77
× 9 = 72	8 × 5 = 40	8 × 7 = 56
× 8 = 16	6 × 10 = 60	7 × 6 = 42
× 3 = 18	7 × 7 = 49	6 × 12 = 72
× 8 = 8	7 × 4 = 28	2 × 6 = 12
× 1 = 8	6 × 4 = 24	7 × 3 = 21
× 7 = 42	9 × 7 = 63	7 × 8 = 56
× 3 = 24	6 × 6 = 36	8 × 4 = 32

Sheet 58 Answers

11 × 7 = 77	8 × 6 = 48	7 × 4 = 28
4 × 7 = 28	4 × 6 = 24	9 × 7 = 63
6 × 7 = 42	7 × 6 = 42	12 × 8 = 96
8 × 7 = 56	8 × 2 = 16	10 × 8 = 80
6 × 8 = 48	8 × 3 = 24	5 × 8 = 40
9 × 8 = 72	8 × 7 = 56	1 × 8 = 8
6 × 12 = 72	8 × 8 = 64	11 × 8 = 88
2 × 6 = 12	5 × 7 = 35	7 × 10 = 70
7 × 11 = 77	3 × 7 = 21	7 × 7 = 49
7 × 8 = 56	7 × 5 = 35	2 × 7 = 14
8 × 6 = 48	3 × 8 = 24	8 × 1 = 8
8 × 5 = 40	7 × 2 = 14	10 × 6 = 60
4 × 8 = 32	6 × 10 = 60	6 × 8 = 48

Sheet 59 Answers

× 7 = 42	3 × 6 = 18	8 × 10 = 80
× 6 = 12	8 × 4 = 32	6 × 9 = 54
1 × 8 = 88	7 × 1 = 7	3 × 7 = 21
× 2 = 12	6 × 3 = 18	8 × 1 = 8
× 7 = 63	4 × 8 = 32	6 × 1 = 6
3 × 9 = 72	12 × 7 = 84	7 × 11 = 77
5 × 7 = 35	8 × 7 = 56	6 × 7 = 42
2 × 7 = 14	9 × 8 = 72	8 × 2 = 16
7 × 12 = 84	1 × 6 = 6	1 × 8 = 8
7 × 9 = 63	5 × 8 = 40	6 × 5 = 30
7 × 8 = 56	7 × 6 = 42	8 × 7 = 56
7 × 7 = 49	6 × 12 = 72	6 × 8 = 48
8 × 6 = 48	2 × 8 = 16	12 × 8 = 96

Sheet 60 Answers

6 × 10 = 60	8 × 6 = 48	6 × 7 = 42
8 × 9 = 72	9 × 7 = 63	8 × 7 = 56
7 × 8 = 66	8 × 5 = 40	7 × 7 = 49
10 × 6 = 60	6 × 12 = 72	4 × 8 = 32
7 × 10 = 70	3 × 6 = 18	7 × 6 = 42
7 × 8 = 56	8 × 12 = 96	5 × 6 = 30
6 × 8 = 48	8 × 4 = 32	4 × 7 = 28
5 × 7 = 35	8 × 3 = 24	11 × 8 = 88
12 × 6 = 72	1 × 7 = 7	8 × 1 = 8
7 × 2 = 14	10 × 8 = 80	12 × 8 = 96
8 × 10 = 80	8 × 7 = 56	4 × 6 = 24
6 × 2 = 12	6 × 11 = 66	6 × 3 = 18
1 × 8 = 8	7 × 11 = 77	8 × 8 = 64

Test Answers 61 – 66

Find your answers in the tables below.

Sheet 61 Answers ✔

8 × 11 = 88	6 × 2 = 12	7 × 1 = 7
8 × 7 = 56	6 × 8 = 48	7 × 5 = 35
7 × 6 = 42	2 × 7 = 14	1 × 7 = 7
10 × 6 = 60	8 × 2 = 16	4 × 7 = 28
12 × 8 = 96	7 × 9 = 63	6 × 7 = 42
8 × 6 = 42	11 × 7 = 77	8 × 8 = 64
5 × 6 = 30	7 × 8 = 56	6 × 8 = 48
8 × 5 = 40	6 × 3 = 18	7 × 10 = 70
8 × 7 = 56	6 × 1 = 6	10 × 8 = 80
9 × 7 = 63	6 × 11 = 66	8 × 9 = 72
12 × 7 = 84	7 × 3 = 21	7 × 2 = 14
2 × 6 = 12	5 × 7 = 35	8 × 6 = 48
6 × 10 = 60	1 × 6 = 6	6 ×

Sheet 62 Answers

7 × 5 = 35	9 × 8 = 72	10 × 8 =
8 × 2 = 16	8 × 7 = 56	7 × 6 = 4
11 × 6 = 66	7 × 10 = 70	3 × 8 = 2
10 × 6 = 60	8 × 10 = 80	5 × 8 = 4
4 × 7 = 28	7 × 7 = 49	8 × 8 = 6
9 × 7 = 63	7 × 1 = 7	8 × 11 =
6 × 5 = 30	2 × 8 = 16	5 × 6 = 3
7 × 12 = 84	6 × 9 = 54	11 × 8 =
8 × 7 = 56	7 × 8 = 56	6 × 6 = 3
8 × 12 = 96	2 × 6 = 12	7 × 4 = 2
8 × 3 = 24	7 × 9 = 63	3 × 6 = 1
4 × 8 = 32	5 × 7 = 35	9 × 6 = 5
6 × 8 = 48	6 × 7 = 42	4 × 6 = 2

Sheet 63 Answers ✔

5 × 6 = 30	6 × 7 = 42	7 × 9 = 63
7 × 6 = 42	7 × 8 = 56	11 × 6 = 66
9 × 8 = 72	10 × 8 = 80	6 × 8 = 58
6 × 12 = 72	3 × 7 = 21	6 × 6 = 36
4 × 8 = 32	11 × 7 = 77	8 × 1 = 8
5 × 8 = 40	2 × 7 = 14	6 × 5 = 30
8 × 11 = 88	1 × 6 = 6	11 × 8 = 88
4 × 7 = 28	6 × 2 = 12	12 × 8 = 96
8 × 8 = 64	7 × 5 = 35	7 × 3 = 21
6 × 11 = 66	1 × 8 = 8	9 × 7 = 63
8 × 7 = 56	8 × 9 = 72	8 × 3 = 24
6 × 9 = 54	7 × 1 = 7	12 × 7 = 84
7 × 11 = 77	1 × 7 = 7	7 × 7 = 49

Sheet 64 Answers ✔

7 × 8 = 56	3 × 8 = 24	9 × 7 = 63
7 × 11 = 77	9 × 12 = 108	7 × 9 = 63
7 × 10 = 70	2 × 7 = 14	7 × 4 = 28
7 × 5 = 35	8 × 5 = 40	8 × 2 = 16
1 × 7 = 7	8 × 11 = 88	3 × 7 = 21
11 × 8 = 88	12 × 8 = 96	4 × 9 = 36
9 × 4 = 36	9 × 1 = 9	12 × 9 = 108
2 × 8 = 16	7 × 3 = 21	1 × 9 = 9
7 × 6 = 42	7 × 2 = 14	10 × 8 = 80
10 × 9 = 90	9 × 2 = 18	9 × 6 = 54
8 × 4 = 32	9 × 7 = 63	2 × 9 = 18
5 × 9 = 45	7 × 7 = 49	7 × 1 = 7
9 × 10 = 90	7 × 8 = 56	5

Sheet 65 Answers ✔

12 × 7 = 84	11 × 8 = 88	7 × 10 = 70
2 × 9 = 18	7 × 2 = 14	4 × 8 = 32
8 × 8 = 64	7 × 6 = 42	7 × 9 = 63
9 × 3 = 27	8 × 12 = 96	8 × 3 = 24
8 × 7 = 56	3 × 7 = 21	9 × 6 = 54
5 × 8 = 40	7 × 9 = 63	8 × 1 = 8
8 × 10 = 80	7 × 5 = 35	1 × 7 = 7
9 × 2 = 18	7 × 4 = 28	9 × 7 = 63
6 × 7 = 42	3 × 9 = 27	5 × 9 = 45
8 × 9 = 72	5 × 7 = 35	7 × 8 = 56
8 × 5 = 40	9 × 11 = 99	9 × 4 = 36
7 × 7 = 49	9 × 10 = 90	9 × 12 = 108
7 × 11 = 77	8 × 4 = 32	3 × 8 = 24

Sheet 66 Answers ✔

3 × 9 = 27	8 × 2 = 16	12 × 7 = 84
7 × 8 = 56	1 × 9 = 9	8 × 7 = 56
8 × 10 = 80	9 × 3 = 27	8 × 1 = 8
9 × 8 = 72	7 × 9 = 63	10 × 9 = 90
8 × 4 = 24	4 × 8 = 32	7 × 6 = 42
9 × 1 = 9	9 × 9 = 81	5 × 9 = 45
7 × 11 = 77	9 × 2 = 18	4 × 9 = 36
8 × 8 = 64	7 × 10 = 70	9 × 12 = 108
9 × 7 = 63	8 × 12 = 96	7 × 8 = 56
7 × 4 = 28	11 × 7 = 77	10 × 7 = 70
8 × 11 = 88	7 × 5 = 35	11 × 9 = 99
12 × 8 = 96	8 × 5 = 40	9 × 10 = 90
5 × 7 = 35	8 × 3 = 24	6 × 9 = 54

Test Answers 67 - 72

Find your answers in the tables below.

Sheet 67 Answers

3 = 21	7 × 9 = 63	7 × 5 = 35
8 = 24	1 × 9 = 9	5 × 7 = 35
1 = 8	9 × 12 = 108	7 × 10 = 70
9 = 18	8 × 3 = 24	8 × 12 = 96
2 = 14	9 × 8 = 72	4 × 8 = 32
9 = 81	7 × 8 = 56	12 × 8 = 96
× 7 = 77	7 × 1 = 7	11 × 8 = 88
× 11 = 77	6 × 9 = 54	8 × 2 = 16
9 = 72	9 × 5 = 45	7 × 8 = 56
× 9 = 108	8 × 6 = 48	10 × 9 = 90
8 = 48	11 × 9 = 99	8 × 7 = 56
9 = 72	9 × 7 = 63	10 × 8 = 80
2 = 18	4 × 7 = 28	7 × 6 = 42

Sheet 68 Answers

9 × 8 = 72	8 × 3 = 24	9 × 2 = 18
1 × 7 = 7	8 × 8 = 64	9 × 3 = 27
6 × 9 = 54	5 × 8 = 40	4 × 7 = 28
3 × 7 = 21	7 × 12 = 84	7 × 5 = 35
7 × 9 = 63	2 × 9 = 18	7 × 4 = 28
7 × 8 = 56	6 × 8 = 48	10 × 7 = 70
9 × 5 = 45	4 × 9 = 36	8 × 11 = 88
9 × 8 = 72	10 × 8 = 80	12 × 7 = 84
12 × 9 = 108	4 × 8 = 32	9 × 7 = 63
7 × 10 = 70	8 × 9 = 72	7 × 6 = 42
5 × 7 = 35	9 × 9 = 81	8 × 6 = 48
8 × 4 = 32	5 × 9 = 45	8 × 12 = 96
1 × 8 = 8	9 × 10 = 90	8 × 1 = 8

Sheet 69 Answers

1 = 8	3 × 8 = 24	7 × 8 = 56
7 = 28	3 × 7 = 21	9 × 8 = 72
× 6 =48	12 × 9 = 108	5 × 7 = 35
× 9 = 45	7 × 11 = 77	7 × 4 = 28
× 10 = 80	7 × 6 = 43	3 × 9 = 27
× 8 = 32	7 × 12 = 84	7 × 7 = 49
× 7 = 56	9 × 4 = 36	7 × 2 = 14
× 9 = 54	7 × 9 = 63	9 × 11 = 99
× 8 = 8	8 × 7 = 56	11 × 8 = 88
× 9 = 9	9 × 2 = 18	2 × 9 = 18
× 7 = 63	7 × 8 = 56	8 × 2 = 16
× 3 = 27	7 × 10 = 70	7 × 1 = 7
× 12 = 96	2 × 7 = 14	6 × 8 = 48

Sheet 70 Answers

9 × 11 = 99	10 × 8 = 80	4 × 8 = 32
2 × 9 = 18	8 × 1 = 8	8 × 6 = 48
8 × 3 = 24	11 × 7 = 77	5 × 7 = 35
9 × 7 = 63	8 × 8 = 64	8 × 5 = 40
1 × 8 = 8	9 × 10 = 90	1 × 7 = 7
11 × 8 = 88	6 × 9 = 54	12 × 8 = 96
12 × 9 = 108	9 × 4 = 36	8 × 10 = 80
7 × 3 = 21	7 × 11 = 77	7 × 1 = 7
7 × 9 = 63	11 × 9 = 99	7 × 12 = 84
6 × 8 = 48	6 × 7 = 42	9 × 2 = 18
5 × 8 = 40	9 × 9 = 81	7 × 5 = 35
9 × 8 = 72	2 × 7 = 14	9 × 12 = 108
9 × 6 = 54	8 × 11 = 88	7 × 8 = 56

Sheet 71 Answers

× 5 = 45	8 × 10 = 80	10 × 9 = 90
× 12 = 108	9 × 1 = 9	8 × 7 = 56
× 8 = 48	2 × 9 = 18	7 × 9 = 63
× 10 = 70	8 × 1 = 8	4 × 9 = 36
× 12 = 96	3 × 8 = 24	7 × 6 = 42
× 2 = 16	7 × 2 = 14	2 × 7 = 14
0 × 7 = 70	5 × 7 = 35	8 × 3 = 24
× 10 = 90	7 × 11 = 77	9 × 11 = 99
× 7 = 21	8 × 9 = 72	11 × 9 = 99
× 7 = 42	7 × 5 = 35	7 × 12 = 84
× 8 = 32	2 × 8 = 16	8 × 7 = 56
× 5 = 40	7 × 3 = 21	5 × 8 = 40
× 3 = 27	7 × 1 = 7	12 × 9 = 108

Sheet 72 Answers

9 × 5 = 45	8 × 10 = 10	10 × 9 = 90
9 × 12 = 108	9 × 1 = 9	8 × 7 = 56
6 × 8 = 48	2 × 9 = 18	7 × 9 = 63
7 × 10 = 70	8 × 1 = 8	4 × 9 = 36
8 × 12 = 96	3 × 8 = 24	7 × 6 = 42
8 × 2 = 16	7 × 2 = 14	2 × 7 = 14
10 × 7 = 70	5 × 7 = 35	8 × 3 = 24
9 × 10 = 90	7 × 11 = 77	9 × 11 = 99
3 × 7 = 21	8 × 9 = 72	11 × 9 = 99
6 × 7 = 42	7 × 5 = 35	7 × 12 = 84
4 × 8 = 32	2 × 8 = 16	8 × 7 = 56
8 × 5 = 40	7 × 3 = 21	5 × 8 = 40
9 × 3 = 27	7 × 1 = 7	12 × 9 = 108

Test Answers 73 – 78

Find your answers in the tables below.

Sheet 73 Answers

9 × 5 = 40	8 × 11 = 88	10 × 1 = 10
6 × 8 = 48	8 × 9 = 72	9 × 1 = 9
3 × 10 = 30	8 × 10 = 80	8 × 12 = 96
9 × 8 = 72	8 × 7 = 56	10 × 8 = 80
8 × 1 = 8	9 × 7 = 63	10 × 9 = 90
10 × 3 = 30	4 × 9 = 36	12 × 10 = 120
10 × 4 = 40	4 × 8 = 32	1 × 10 = 10
9 × 8 = 72	9 × 10 = 90	3 × 9 = 27
8 × 5 = 40	2 × 9 = 18	7 × 8 = 56
3 × 8 = 24	8 × 10 = 80	5 × 8 = 40
1 × 9 = 9	11 × 8 = 88	10 × 2 = 20
10 × 10 = 100	10 × 8 = 80	12 × 8 = 96
9 × 4 = 36	2 × 8 = 16	8 × 4 = 32

Sheet 74 Answers

4 × 8 = 32	12 × 10 = 120	10 × 2 =
10 × 12 = 120	9 × 3 = 27	12 × 8 =
7 × 10 = 70	8 × 10 = 80	10 × 10
2 × 10 = 20	8 × 7 = 56	10 × 4 =
11 × 10 = 110	8 × 5 = 40	9 × 7 = 6
10 × 6 = 60	5 × 10 = 50	12 × 9 =
1 × 10 = 10	8 × 4 = 32	10 × 5 =
8 × 11 = 88	10 × 8 = 80	9 × 12 =
9 × 6 = 54	8 × 3 = 24	6 × 10 =
9 × 8 = 72	4 × 9 = 36	8 × 1 = 8
9 × 10 = 90	9 × 4 = 36	10 × 3 =
10 × 11 = 110	8 × 9 = 72	8 × 8 = 6
5 × 9 = 45	8 × 6 = 48	10 × 7 =

Sheet 75 Answers

1 × 8 = 8	10 × 8 = 80	12 × 9 = 108
8 × 4 = 32	4 × 9 = 36	6 × 9 = 54
10 × 10 = 100	8 × 10 = 80	8 × 7 = 56
10 × 2 = 20	10 × 9 = 90	8 × 3 = 24
12 × 8 = 96	5 × 8 = 40	5 × 10 = 50
9 × 8 = 72	9 × 5 = 45	2 × 8 = 16
3 × 10 = 30	9 × 10 = 90	10 × 5 = 50
11 × 10 = 110	10 × 7 = 70	9 × 7 = 63
4 × 8 = 32	9 × 3 = 27	8 × 9 = 72
6 × 8 = 42	7 × 10 = 70	9 × 9 = 81
1 × 10 = 10	9 × 1 = 9	9 × 10 = 90
9 × 6 = 54	5 × 9 = 45	8 × 2 = 16
10 × 9 = 90	11 × 8 = 88	2 × 9 = 18

Sheet 76 Answers

10 × 11 = 110	1 × 8 = 8	9 × 8 = 72
3 × 9 = 27	8 × 11 = 88	2 × 10 = 20
9 × 11 = 99	9 × 9 = 81	8 × 1 = 8
9 × 3 = 27	10 × 12 = 120	9 × 10 = 90
10 × 6 = 60	10 × 1 = 10	8 × 7 = 56
10 × 2 = 20	6 × 9 = 54	8 × 9 = 72
8 × 6 = 48	8 × 4 = 32	2 × 8 = 16
7 × 9 = 63	10 × 5 = 50	10 × 10 = 10
10 × 8 = 80	8 × 12 = 96	12 × 8 = 96
5 × 10 = 50	7 × 8 = 56	9 × 1 = 9
3 × 8 = 24	8 × 3 = 24	5 × 9 = 45
3 × 10 = 30	10 × 4 = 40	1 × 9 = 9
10 × 9 = 90	8 × 5 = 40	12 × 10 = 12

Sheet 77 Answers

8 × 3 = 24	8 × 5 = 40	9 × 7 = 63
8 × 9 = 72	10 × 10 = 100	2 × 9 = 18
8 × 4 = 32	8 × 10 = 80	1 × 10 = 10
10 × 6 = 60	10 × 8 = 80	7 × 9 = 63
8 × 2 = 16	5 × 10 = 50	9 × 3 = 27
9 × 11 = 99	10 × 12 = 120	10 × 2 = 20
9 × 2 = 18	10 × 9 = 90	12 × 8 = 96
6 × 10 = 60	8 × 6 = 48	8 × 7 = 56
5 × 8 = 40	6 × 9 = 54	10 × 3 = 30
9 × 5 = 45	11 × 10 = 110	3 × 10 = 30
1 × 8 = 8	9 × 1 = 9	5 × 9 = 45
9 × 8 = 72	9 × 10 = 90	9 × 6 = 54
4 × 10 = 40	3 × 8 = 24	10 × 4 = 40

Sheet 78 Answers

2 × 8 = 16	3 × 8 = 24	4 × 9 = 36
9 × 9 = 81	1 × 9 = 9	10 × 10 = 10
8 × 8 = 64	10 × 9 = 90	8 × 9 = 72
8 × 6 = 48	10 × 1 = 10	10 × 8 = 80
5 × 8 = 40	10 × 3 = 30	10 × 12 = 12
1 × 8 = 8	12 × 9 = 108	8 × 2 = 16
5 × 9 = 45	9 × 4 = 36	11 × 8 = 88
8 × 3 = 24	10 × 4 = 40	10 × 2 = 20
8 × 12 = 96	9 × 1 = 9	10 × 5 = 50
7 × 9 = 63	8 × 9 = 72	9 × 5 = 45
7 × 8 = 56	11 × 9 = 99	3 × 10 = 30
9 × 6 = 54	6 × 8 = 48	11 × 10 = 110
8 × 7 = 56	9 × 10 = 90	9 × 3 = 27

Test Answers 79 - 84

Find your answers in the tables below.

Sheet 79 Answers

10 = 30	8 × 4 = 32	8 × 5 = 40
11 = 88	9 × 12 = 108	5 × 9 = 45
8 = 48	8 × 8 = 64	3 × 9 = 27
3 = 24	12 × 9 = 108	8 × 12 = 96
8 = 32	10 × 1 = 10	10 × 11 = 110
× 8 = 80	10 × 9 = 90	5 × 10 = 50
1 = 9	1 × 8 = 8	7 × 9 = 63
9 = 72	11 × 10 = 110	10 × 2 = 20
× 8 = 88	9 × 5 = 45	8 × 10 = 80
10 = 60	9 × 10 = 90	4 × 9 = 36
6 = 54	9 × 9 = 81	2 × 9 = 18
8 = 72	12 × 8 = 96	9 × 7 = 63
4 = 36	4 x 12 = 48	4 x 11 = 44

Sheet 80 Answers

9 × 7 = 63	9 × 1 = 9	10 × 1 = 10
5 × 9 = 45	11 × 10 = 110	6 × 9 = 54
8 × 10 = 80	11 × 8 = 88	2 × 8 = 16
9 × 11 = 99	3 × 9 = 27	10 × 8 = 80
10 × 12 = 120	10 × 11 = 110	8 × 7 = 56
9 × 6 = 54	8 × 8 = 64	2 × 9 = 18
12 × 9 = 108	6 × 8 = 48	11 × 9 = 99
10 × 2 = 20	7 × 8 = 56	8 × 12 = 96
9 × 5 = 45	9 × 3 = 27	9 × 4 = 36
10 × 7 = 70	8 × 9 = 72	3 × 8 = 24
4 × 8 = 32	9 × 9 = 81	7 × 10 = 70
10 × 10 = 100	7 × 9 = 63	3 × 10 = 30
2 × 10 = 20	12 × 8 = 96	5 × 8 = 40

Sheet 81 Answers

× 9 = 99	8 × 7 = 56	10 × 4 = 40
× 8 = 96	6 × 9 = 54	1 × 9 = 9
× 11 = 88	12 × 9 = 108	11 × 8 = 88
× 8 = 80	8 × 2 = 16	6 × 10 = 60
× 10 = 70	9 × 10 = 90	4 × 9 = 36
× 10 = 120	6 × 8 = 48	9 × 1 = 9
× 8 = 16	8 × 8 = 64	4 × 8 = 35
× 4 = 36	9 × 9 = 81	8 × 3 = 24
× 9 = 18	10 × 1 = 10	3 × 9 = 27
0 × 5 = 50	10 × 9 = 90	8 × 10 = 80
× 12 = 108	5 × 8 = 40	11 × 10 = 110
× 10 = 20	7 × 8 = 56	9 × 4 = 36
× 10 = 80	5 × 9 = 45	1 × 8 = 8

Sheet 82 Answers

10 × 9 = 90	11 × 11 = 121	2 × 10 = 20
9 × 12 = 108	9 × 9 = 81	7 × 10 = 70
10 × 3 = 30	11 × 12 = 132	10 × 4 = 40
12 × 11 = 132	11 × 8 = 88	10 × 8 = 80
9 × 1 = 9	11 × 4 = 44	9 × 10 = 90
7 × 9 = 63	4 × 11 = 44	1 × 11 = 11
6 × 10 = 60	5 × 9 = 45	11 × 7 = 77
12 × 10 = 120	9 × 5 = 45	7 × 11 = 77
11 × 6 = 66	10 × 6 = 60	11 × 5 = 55
10 × 7 = 70	3 × 10 = 30	9 × 11 = 99
12 × 9 = 108	10 × 2 = 20	10 × 10 = 100
4 × 10 = 40	9 × 10 = 90	2 × 11 = 22
9 × 7 = 63	8 × 10 = 80	11 × 9 = 99

Sheet 83 Answers

× 11 = 66	10 × 10 = 100	3 × 11 = 33
× 4 = 36	10 × 11 = 110	4 × 11 = 44
1 × 3 = 33	9 × 6 = 54	8 × 10 = 80
2 × 11 = 132	7 × 10 = 70	10 × 6 = 60
× 10 = 90	2 × 11 = 22	11 × 10 = 110
10 × 7 = 70	5 × 10 = 50	11 × 7 = 77
11 × 2 = 22	8 × 9 = 72	3 × 10 = 30
11 × 10 = 110	11 × 6 = 66	4 × 9 = 36
11 × 5 = 55	10 × 9 = 90	9 × 12 = 108
9 × 11 = 99	6 × 10 = 60	1 × 10 = 10
12 × 9 = 108	4 × 10 = 40	9 × 3 = 27
11 × 9 = 99	9 × 9 = 81	11 × 8 = 88
11 × 12 = 132	9 × 8 = 72	10 × 2 = 20

Sheet 84 Answers

8 × 9 = 72	11 × 10 = 110	1 × 11 = 11
11 × 4 = 44	10 × 9 = 90	8 × 10 = 80
10 × 1 = 10	1 × 10 = 10	11 × 6 = 66
9 × 7 = 63	3 × 9 = 27	9 × 10 = 90
2 × 9 = 18	6 × 10 = 60	11 × 3 = 33
3 × 10 = 30	2 × 11 = 22	5 × 9 = 45
4 × 9 = 36	7 × 9 = 63	11 × 9 = 99
12 × 9 = 108	10 × 10 = 100	9 × 9 = 81
11 × 12 = 132	10 × 12 = 120	11 × 2 = 22
9 × 12 = 108	8 × 11 = 88	11 × 8 = 88
11 × 11 = 121	10 × 6 = 60	10 × 4 = 40
11 × 1 = 11	10 × 2 = 20	6 × 9 = 54
10 × 11 = 110	10 × 9 = 90	5 × 11 = 55

Test Answers 85 – 90

Find your answers in the tables below.

Sheet 85 Answers

11 × 10 = 110	9 × 11 = 99	10 × 11 = 110
2 × 10 = 20	10 × 6 = 60	6 × 10 = 60
10 × 2 = 20	10 × 12 = 120	4 × 9 = 36
12 × 9 = 108	7 × 9 = 63	12 × 11 = 132
11 × 4 = 44	11 × 1 = 11	8 × 10 = 80
9 × 9 = 81	8 × 11 = 88	2 × 11 = 22
9 × 4 = 36	8 × 9 = 72	11 × 3 = 33
7 × 10 = 70	9 × 3 = 27	6 × 9 = 54
11 × 12 = 132	9 × 7 = 63	4 × 10 = 40
9 × 5 = 45	9 × 10 = 90	11 × 8 = 88
6 × 11 = 66	11 × 6 = 66	10 × 9 = 90
5 × 9 = 45	1 × 11 = 11	3 × 11 = 33
5 × 11 = 55	10 × 8 = 80	11 × 7 = 77

Sheet 86 Answers

2 × 10 = 20	3 × 11 = 33	9 × 11 =
10 × 10 = 100	10 × 11 = 110	8 × 11 =
9 × 10 = 90	11 × 12 = 132	7 × 11 =
10 × 9 = 90	9 × 1 = 9	9 × 7 = 6
10 × 4 = 40	11 × 9 = 99	8 × 9 = 7
11 × 7 = 77	4 × 9 = 36	9 × 11 =
12 × 11 = 132	10 × 6 = 60	7 × 10 =
2 × 9 = 18	1 × 9 = 9	9 × 8 = 7
6 × 10 = 60	9 × 3 = 27	11 × 9 =
8 × 10 = 80	9 × 2 = 18	10 × 2 =
10 × 5 = 50	11 × 2 = 22	2 × 11 =
5 × 11 = 55	1 × 11 = 11	12 × 10 =
11 × 11 = 121	5 × 9 = 45	4 × 11 =

Sheet 87 Answers

6 × 9 = 54	11 × 3 = 33	12 × 10 = 120
3 × 9 = 27	10 × 3 = 30	3 × 10 = 30
11 × 9 = 99	8 × 9 = 72	11 × 10 = 110
10 × 9 = 90	5 × 10 = 50	8 × 10 = 80
6 × 10 = 60	12 × 11 = 132	12 × 9 = 108
1 × 9 = 9	11 × 12 = 132	11 × 8 = 88
6 × 11 = 66	11 × 11 = 121	9 × 8 = 72
10 × 6 = 60	8 × 11 = 88	5 × 9 = 45
11 × 4 = 44	10 × 1 = 10	4 × 10 = 40
3 × 11 = 33	11 × 6 = 66	9 × 11 = 99
10 × 9 = 90	11 × 5 = 55	9 × 5 = 45
10 × 12 = 120	9 × 12 = 108	7 × 9 = 63
10 × 4 = 40	1 × 11 = 11	7 × 11 = 77

Sheet 88 Answers

4 × 10 = 40	11 × 6 = 66	10 × 9 = 90
12 × 11 = 132	8 × 9 = 72	11 × 4 = 44
6 × 10 = 60	5 × 11 = 55	3 × 10 = 30
10 × 10 = 100	11 × 11 = 121	1 × 10 = 10
9 × 8 = 72	6 × 11 = 66	9 × 11 = 99
5 × 9 = 45	7 × 10 = 70	10 × 9 = 90
9 × 6 = 54	9 × 3 = 27	3 × 11 = 33
2 × 10 = 20	10 × 11 = 110	8 × 11 = 88
11 × 1 = 11	11 × 5 = 55	12 × 10 = 12
11 × 2 = 22	10 × 7 = 70	9 × 10 = 90
4 × 11 = 44	9 × 4 = 36	8 × 10 = 80
11 × 9 = 99	10 × 3 = 30	7 × 11 = 77
9 × 9 = 81	1 × 9 = 9	10 × 6 = 60

Sheet 89 Answers

9 × 9 = 81	12 × 10 = 120	11 × 4 = 44
10 × 2 = 20	10 × 3 = 30	11 × 11 = 121
3 × 11 = 33	10 × 12 = 120	11 × 9 = 99
1 × 10 = 10	9 × 4 = 36	11 × 3 = 33
9 × 8 = 72	8 × 11 = 88	4 × 9 = 36
9 × 2 = 18	9 × 12 = 108	2 × 10 = 20
10 × 8 = 80	5 × 9 = 45	9 × 6 = 54
5 × 11 = 55	11 × 6 = 66	4 × 11 = 44
5 × 10 = 50	11 × 9 = 99	11 × 5 = 55
12 × 9 = 108	11 × 12 = 132	11 × 1 = 11
10 × 6 = 60	8 × 9 = 72	2 × 11 = 22
11 × 10 = 110	10 × 1 = 10	9 × 11 = 99
10 × 10 = 100	11 × 8 = 88	8 × 10 = 80

Sheet 90 Answers

9 × 12 = 108	2 × 11 = 22	10 × 4 = 40
9 × 6 = 54	10 × 9 = 90	11 × 11 = 121
1 × 9 = 9	11 × 1 = 11	4 × 9 = 36
9 × 2 = 18	11 × 9 = 99	7 × 10 = 70
8 × 9 = 72	10 × 7 = 70	10 × 11 = 110
2 × 9 = 18	10 × 2 = 20	7 × 11 = 77
11 × 8 = 88	9 × 11 = 99	8 × 11 = 88
11 × 10 = 110	5 × 10 = 50	6 × 9 = 54
9 × 10 = 90	12 × 9 = 108	9 × 4 = 36
4 × 10 = 40	1 × 11 = 11	11 × 5 = 55
2 × 10 = 20	11 × 7 = 77	3 × 9 = 27
9 × 3 = 27	11 × 4 = 44	12 × 10 = 120
9 × 1 = 9	11 × 10 = 110	11 × 3 = 33

Test Answers 91 - 96

Find your answers in the tables below.

Sheet 91 Answers

× 12 = 144	12 × 5 = 60	10 × 11 = 110
× 3 = 30	5 × 10 = 50	4 × 11 = 44
× 11 = 121	6 × 10 = 60	7 × 12 = 84
× 1 = 12	11 × 3 = 33	11 × 10 = 110
× 11 = 110	10 × 12 = 120	11 × 8 = 88
× 5 = 50	3 × 10 = 30	1 × 10 = 10
× 10 = 100	2 × 11 = 22	8 × 12 = 96
× 11 = 132	12 × 7 = 84	11 × 2 = 22
11 = 99	2 × 10 = 20	1 × 12 = 12
12 = 36	10 × 6 = 60	4 × 10 = 40
× 1 = 11	8 × 10 = 80	10 × 4 = 40
× 12 = 108	7 × 10 = 70	10 × 8 = 80
× 7 = 77	10 × 1 = 10	9 × 10 = 90

Sheet 92 Answers

12 × 7 = 84	6 × 10 = 60	12 × 5 = 60
10 × 6 = 60	12 × 11 = 132	12 × 1 = 12
4 × 11 = 44	10 × 2 = 20	4 × 12 = 48
11 × 9 = 99	11 × 4 = 44	12 × 8 = 96
7 × 12 = 84	10 × 12 = 120	12 × 6 = 72
6 × 11 = 66	5 × 11 = 55	11 × 8 = 88
10 × 1 = 10	3 × 10 = 30	1 × 10 = 10
10 × 4 = 40	11 × 3 = 33	2 × 10 = 20
9 × 12 = 108	12 × 12 = 144	10 × 12 = 120
10 × 11 = 110	9 × 11 = 99	2 × 11 = 22
4 × 10 = 40	5 × 10 = 50	11 × 12 = 132
8 × 12 = 96	12 × 3 = 36	8 × 11 = 88
10 × 3 = 30	12 × 10 = 120	12 × 11 = 132

Sheet 93 Answers

× 12 = 24	10 × 11 = 110	2 × 11 = 22
× 9 = 90	12 × 4 = 48	10 × 10 = 100
× 7 = 77	4 × 11 = 44	11 × 9 = 99
× 3 = 33	4 × 10 = 40	10 × 11 = 110
× 11 = 33	6 × 11 = 66	5 × 12 = 60
× 1 = 11	5 × 10 = 50	12 × 11 = 132
× 12 = 96	12 × 9 = 108	6 × 10 = 60
× 5 = 60	10 × 2 = 20	11 × 10 = 110
× 8 = 80	11 × 11 = 121	12 × 1 = 12
× 1 = 10	12 × 11 = 132	11 × 4 = 44
× 11 = 11	10 × 7 = 70	12 × 10 = 120
1 × 12 = 132	7 × 11 = 77	10 × 5 = 50
2 × 3 = 36	5 × 11 = 55	2 × 10 = 20

Sheet 94 Answers

10 × 2 = 20	11 × 12 = 132	12 × 11 = 132
11 × 11 = 121	10 × 11 = 110	10 × 7 = 70
12 × 3 = 36	12 × 9 = 108	12 × 4 = 48
9 × 12 = 108	11 × 12 = 132	11 × 7 = 77
10 × 5 = 50	5 × 10 = 50	4 × 12 = 48
10 × 1 = 10	11 × 1 = 11	5 × 11 = 55
11 × 6 = 66	7 × 11 = 77	12 × 8 = 96
11 × 2 = 22	1 × 11 = 11	2 × 10 = 20
10 × 12 = 120	11 × 5 = 55	11 × 9 = 99
11 × 3 = 33	9 × 10 = 90	12 × 1 = 12
10 × 8 = 80	1 × 10 = 10	9 × 11 = 99
10 × 9 = 90	12 × 7 = 84	10 × 11 = 110
1 × 12 = 12	12 × 12 = 144	10 × 4 = 40

Sheet 95 Answers

× 10 = 50	12 × 8 = 96	2 × 10 = 20
1 × 11 = 121	1 × 10 = 10	10 × 12 = 120
1 × 12 = 132	4 × 10 = 40	10 × 7 = 70
0 × 3 = 30	12 × 11 = 132	12 × 1 = 12
0 × 8 = 80	10 × 12 = 120	10 × 1 = 10
0 × 9 = 90	9 × 12 = 108	3 × 12 = 36
1 × 3 = 33	8 × 12 = 96	7 × 10 = 70
0 × 2 = 20	7 × 12 = 84	12 × 2 = 24
× 10 = 80	11 × 1 = 11	10 × 10 = 100
10 × 5 = 50	11 × 7 = 77	12 × 11 = 132
11 × 5 = 55	12 × 5 = 60	1 × 12 = 12
2 × 12 = 24	7 × 11 = 77	11 × 10 = 110
11 × 6 = 66	2 × 11 = 22	12 × 10 = 120

Sheet 96 Answers

11 × 2 = 22	2 × 11 = 22	4 × 12 = 48
10 × 6 = 60	10 × 12 = 120	12 × 4 = 48
10 × 1 = 10	6 × 10 = 60	12 × 2 = 24
7 × 12 = 84	12 × 3 = 36	5 × 12 = 60
7 × 11 = 77	10 × 8 = 80	3 × 11 = 33
12 × 10 = 120	6 × 12 = 72	3 × 10 = 30
5 × 10 = 50	9 × 11 = 99	11 × 7 = 77
10 × 12 = 120	2 × 10 = 20	12 × 1 = 12
11 × 4 = 44	10 × 2 = 20	9 × 10 = 90
12 × 12 = 144	1 × 10 = 10	11 × 6 = 66
8 × 12 = 96	10 × 7 = 70	11 × 8 = 88
4 × 11 = 44	12 × 7 = 84	12 × 11 = 132
6 × 11 = 66	11 × 12 = 132	10 × 5 = 50

Test Answers 97 - 100

Find your answers in the tables below.

Sheet 97 Answers

5 × 11 = 55	12 × 10 = 120	11 × 5 = 55
8 × 11 = 88	12 × 4 = 48	5 × 10 = 50
11 × 2 = 22	2 × 10 = 20	10 × 8 = 80
10 × 11 = 110	12 × 12 = 144	11 × 4 = 44
6 × 10 = 60	8 × 10 = 80	12 × 11 = 132
2 × 9 = 108	10 × 7 = 70	11 × 12 = 132
5 × 12 = 60	11 × 7 = 77	10 × 11 = 110
10 × 1 = 10	6 × 11 = 66	4 × 12 = 48
7 × 12 = 84	1 × 11 = 11	12 × 7 = 84
11 × 6 = 66	12 × 5 = 60	10 × 6 = 60
10 × 3 = 30	9 × 10 = 90	4 × 10 = 40
10 × 9 = 90	9 × 11 = 99	7 × 10 = 70
11 × 11 = 121	4 × 11 = 44	12 × 2 = 24

Sheet 98 Answers

4 × 11 = 44	1 × 11 = 11	12 × 12
7 × 12 = 84	11 × 5 = 55	11 × 3 =
5 × 10 = 50	2 × 11 = 22	7 × 10 =
5 × 11 = 55	11 × 6 = 66	12 × 3 =
3 × 10 = 30	12 × 8 = 96	6 × 12 =
10 × 7 = 70	1 × 10 = 10	10 × 2 =
11 × 7 = 77	10 × 10 = 100	11 × 10 =
6 × 11 = 66	10 × 11 = 110	12 × 11 =
12 × 5 = 60	10 × 6 = 60	10 × 1 =
12 × 10 = 120	10 × 12 = 120	12 × 9 =
2 × 10 = 20	12 × 6 = 72	11 × 8 =
4 × 10 = 40	10 × 3 = 30	12 × 11 =
9 × 11 = 99	5 × 12 = 60	7 × 11 =

Sheet 99 Answers

9 × 12 = 108	12 × 9 = 108	9 × 10 = 90
7 × 10 = 70	12 × 10 = 120	1 × 12 = 12
11 × 4 = 44	11 × 2 = 22	11 × 1 = 11
5 × 11 = 55	5 × 12 = 60	12 × 12 = 144
2 × 12 = 24	12 × 4 = 48	10 × 5 = 50
7 × 11 = 77	12 × 7 = 84	11 × 9 = 99
10 × 6 = 60	11 × 10 = 110	11 × 7 = 77
11 × 3 = 33	2 × 11 = 22	4 × 12 = 48
1 × 11 = 11	11 × 12 = 132	11 × 11 = 121
10 × 11 = 110	12 × 10 = 120	10 × 9 = 90
3 × 12 = 36	11 × 6 = 66	12 × 5 = 60
7 × 12 = 84	11 × 12 = 132	11 × 10 = 110
8 × 11 = 88	10 × 2 = 20	10 × 7 = 70

Sheet 100 Answers

10 × 8 = 80	9 × 11 = 99	12 × 4 = 48
11 × 5 = 55	7 × 11 = 77	12 × 9 = 10
12 × 10 = 120	10 × 9 = 90	10 × 1 = 10
8 × 11 = 88	5 × 12 = 60	12 × 7 = 84
12 × 11 = 132	12 × 10 = 120	1 × 10 = 10
11 × 10 = 110	12 × 5 = 60	11 × 11 = 1
11 × 3 = 33	10 × 12 = 120	10 × 11 = 1
9 × 10 = 90	11 × 6 = 66	12 × 6 = 72
7 × 10 =70	11 × 12 = 132	8 × 12 = 96
3 × 10 =30	2 × 12 =24	10 × 3 = 30
1 × 12 =12	10 × 6 = 60	11 × 1 = 11
12 × 3 = 36	11 × 4 = 44	6 × 11 = 66
5 × 11 = 55	11 × 7 =77	12 × 8 = 96

Multiplication Grid

Here's a handy grid for the 12 mulitplication tables, which makes working out answers easy!

X	1	2	3	4	5	6	7	8	9	10	11	12
1	1	2	3	4	5	6	7	8	9	10	11	12
2	2	4	6	8	10	12	14	16	18	20	22	24
3	3	6	9	12	15	18	21	24	27	30	33	36
4	4	8	12	16	20	24	28	32	36	40	44	48
5	5	10	15	20	25	30	35	40	45	50	55	60
6	6	12	18	24	30	36	42	48	54	60	66	72
7	7	14	21	28	35	42	49	56	63	70	77	84
8	8	16	24	32	40	48	56	64	72	80	88	96
9	9	18	27	36	45	54	63	72	81	90	99	108
10	10	20	30	40	50	60	70	80	90	100	110	120
11	11	22	33	44	55	66	77	88	99	110	121	132
12	12	24	36	48	60	72	84	96	108	120	132	144

Printed in Great Britain
by Amazon

77996287R00072